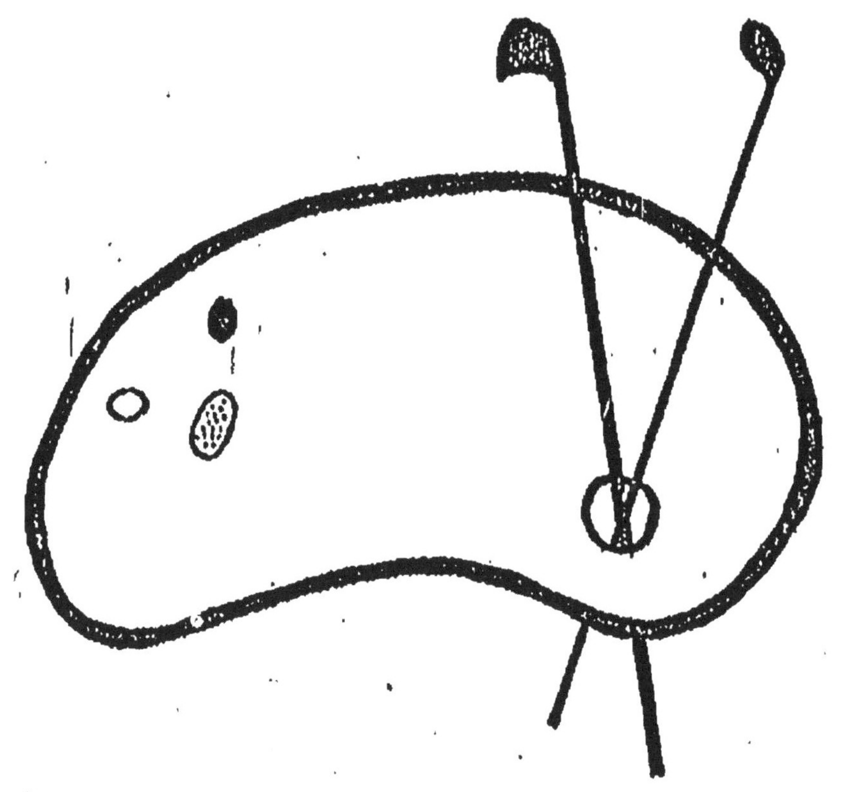

DEBUT D'UNE SERIE DE DOCUMENTS
EN COULEUR

MÉMOIRES ET RÉCITS DE GUERRE

LOUIS-L. THOMSON
Médecin-Major.

LA RETRAITE DE SERBIE

(OCTOBRE-DÉCEMBRE 1915)

PRÉFACE DE M. E. DENIS
Professeur à la Sorbonne

LIBRAIRIE HACHETTE ET Cie
79, Boulevard Saint-Germain
1916

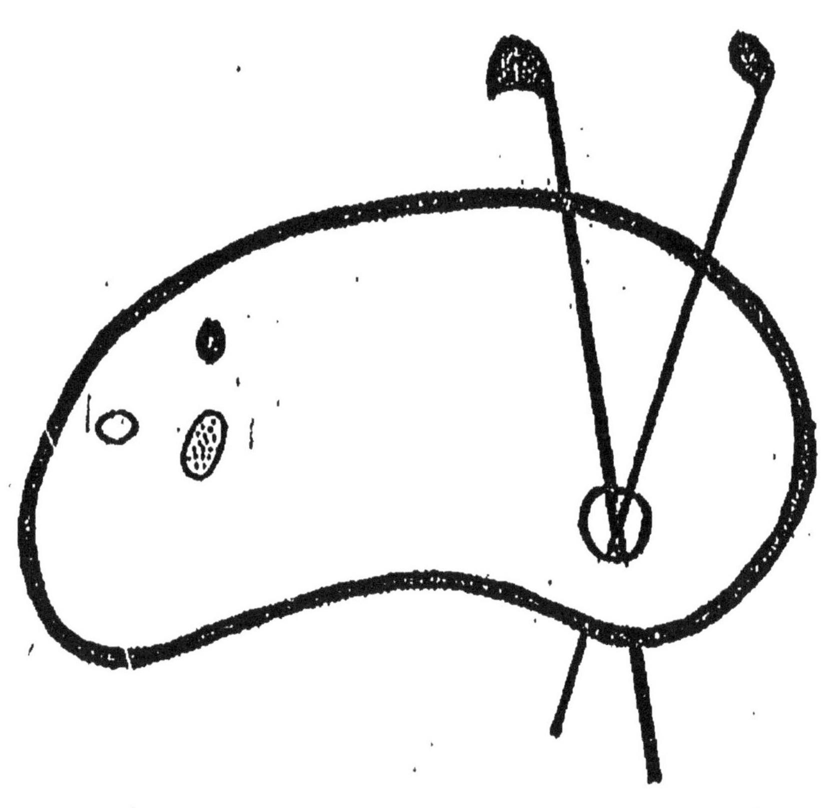

FIN D'UNE SERIE DE DOCUMENTS
EN COULEUR

LA RETRAITE DE SERBIE

(OCTOBRE-DÉCEMBRE 1915)

" MÉMOIRES ET RÉCITS DE GUERRE "

LA Collection des *Mémoires et Récits de Guerre* a pour but de présenter au public, sous une forme vivante et fidèle, tous les aspects de la Grande Guerre. Elle fera appel à tous ceux qui, ayant pris part aux événements les plus intéressants, seront capables de les raconter dans un bon langage, donnant l'impression de la vie. A côté des ouvrages historiques proprement dits, elle révélera la physionomie même si diverse en chacun de ses moments, et sur les différents fronts de l'héroïque épopée actuelle.

GASTON RIOU : **JOURNAL D'UN SIMPLE SOLDAT.** — Guerre - Captivité 1914-1915. — Préface d'Ed. Herriot. Dessins de Jean Hélès (*15e mille*).

Un volume in-16, broché . . . . 3 fr. 50

OO OO OO

MAURICE GENEVOIX : **SOUS VERDUN.** — Août-Octobre 1914. — Préface d'Ernest Lavisse (*10e mille*).

Un volume in-16, broché . . . . 3 fr. 50

OO OO OO

JEAN LÉRY : **LA BATAILLE DANS LA FORÊT.** — Argonne 1915. — Impressions d'un témoin (*6e mille*).

Un volume in-16, broché . . . . 2 francs

OO OO OO

VICTOR BOUDON : **AVEC CHARLES PÉGUY, de la Lorraine à la Marne.** — Août-Septembre 1914. — Préface de Maurice Barrès (*10e mille*).

Un volume in-16, illustré de plans, broché . . . . 3 fr. 50

OO OO OO

LOUIS-L. THOMSON : **LA RETRAITE DE SERBIE.** — Octobre-Décembre 1915. — Préface d'Ernest Denis.

Un volume in-16, broché . . . . 3 fr. 50

LOUIS-L. THOMSON
Médecin-Major.
Membre de la Mission Française en Serbie.

LA RETRAITE DE SERBIE

(OCTOBRE-DÉCEMBRE 1915)

PRÉFACE DE M. E. DENIS
Professeur à la Sorbonne

LIBRAIRIE HACHETTE ET Cie
79, Boulevard Saint-Germain
1916

A MA MÈRE

raient rien changer à la réalité des faits. Tous leurs efforts se brisent devant quelques constatations évidentes.

Que les Serbes aient nourri de vastes espoirs et que leur patriotisme ait caressé de magnifiques ambitions, c'est possible, mais cela importe peu. Il s'agit uniquement de savoir si leurs désirs se traduisaient par des manœuvres imprudentes qui auraient justifié les attaques de leurs ennemis. Or, on n'a apporté contre eux — et on ne saurait apporter — aucune apparence de preuve, ni aucune raison vraisemblable. Il suffit de parcourir les misérables psalmodies de la cour de Sofia pour s'apercevoir de la puérilité de ses affirmations, et, quant aux griefs prétendus de la cour de Vienne, les documents qu'elle a publiés elle-même en montrent clairement l'invraisemblable stupidité. La lumière sera-t-elle faite jamais complètement sur le meurtre de François-Ferdinand? — Il est permis d'en douter. Un point demeure du moins hors de contestation : la disparition de l'Archiduc héritier, loin de servir les intérêts des Yougo-Slaves, était au contraire de nature à leur causer les plus graves embarras. Il est établi également que le Cabinet serbe avait, — avec la discrétion qui est imposée en pareil cas par les convenances internationales, — attiré l'attention de Budapest et de Vienne sur les inconvénients et les dangers que présentaient les fêtes de Sarajévo. Dans de semblables conditions, l'ultimatum de l'Autriche n'était qu'une provocation gratuite et un défi lancé au sens commun et à l'humanité.

En face de la plus insolente des sommations, le gouvernement du roi Pierre Karageorgévitch, au lieu de répondre par une fin de non-recevoir, — ce qui eût été son droit absolu, — avait poussé jusqu'à la plus extrême limite l'esprit de condescendance et presque de soumission. Ses concessions, qui pouvaient aisément porter un coup mortel à la dynastie, l'Autriche ne les avait ni discutées ni examinées. Elle y avait répondu par une brutale déclaration de guerre et elle avait immédiatement commencé le bombardement de Belgrade, qui est une ville ouverte ; pendant dix-huit mois, elle devait en poursuivre la ruine sans interruption, avec l'obstination idiote et criminelle que les Allemands ont déployée contre Reims. En présence de pareils faits, les plus sceptiques et les plus indifférents avaient été forcés de reconnaître qu'ils étaient en présence d'un complot lentement prémédité : l'Autriche, poussée par l'Allemagne, voulait anéantir un peuple, dont le crime unique consistait à ne pas trahir ses traditions slaves et à repousser la tutelle germanique.

Depuis lors, des incidents nouveaux ont mis plus clairement en lumière les plans de l'impérialisme teuton. Pour soumettre le monde, il fallait que l'Allemagne, souveraine de la ligne de Hambourg à Bagdad, dominât le Danube et les détroits. Or, maîtresse de la Bulgarie et de la Turquie, elle se heurtait à la résistance de Belgrade, et Belgrade est apparue ainsi, tout comme au XVIe siècle, quand elle arrêtait la poussée ottomane, un des nœuds essentiels de la bataille mondiale.

Aussi, à peine les hostilités engagées, l'Autriche lance ses régiments à l'assaut, et, à trois reprises, ses armées paraissent près d'emporter la citadelle qui leur barre le passage. Ses tentatives sont repoussées et la dernière aboutit à une véritable catastrophe. A la suite de la bataille du Roudnik, l'armée de Potiorek est rejetée hors des frontières, en pleine déroute ; les Serbes ramassent des prisonniers par dizaines de mille, des canons par centaines. Magnifique triomphe qui paraît plus éclatant encore si l'on songe que, à cette époque, la puissance militaire de l'Allemagne n'a pas été sérieusement entamée et que, même après la victoire de la Marne, très rares sont encore par le monde ceux qui osent douter de son intangible supériorité. La victoire du Roudnik termine par une joyeuse fanfare cette année 1914 qui a entassé tant de ruines et qui partout ailleurs laisse dans les âmes de si angoissantes perspectives. La ruée de l'Allemagne est brisée justement au point essentiel. La Bulgarie, qui n'attendait qu'un signal pour se joindre aux Turcs, s'effraye et tergiverse. La Roumanie, encouragée, rassemble ses forces. Comme, au même moment, les Russes poursuivent en Galicie leur avance victorieuse, il semble permis d'espérer que, dès que les Serbes auront laissé reposer leurs soldats et qu'ils auront complété leurs munitions, il sera possible d'entreprendre une offensive générale qui aura pour objectif Budapest et sous laquelle s'effondrera la monarchie dualiste.

***

Comment ces splendides combinaisons, que semble encore devoir favoriser l'entrée en ligne des Italiens, se sont-elles évanouies pour laisser place à un désastre aussi lamentable qu'inattendu? Ce n'est pas ici le lieu de le rechercher, et M. Thomson n'avait pas à s'en occuper. Quelque incomplets que soient nos renseignements, il est du moins aujourd'hui reconnu par tout le monde que des fautes lamentables furent commises, et il eût suffi pour les éviter du plus élémentaire sens commun.

Heureux les peuples dont les diplomates se contenteraient des préceptes de la sagesse vulgaire et ne se réveilleraient pas chaque matin avec la hantise de dépasser Talleyrand ou Metternich, qui n'étaient pas après tout des génies si incomparables! Cette sagesse vulgaire, — qu'ils font trop souvent profession de dédaigner, — leur eût enseigné qu'il convient de soutenir ses amis et qu'il est niais d'escompter la magnanimité ou l'intelligence de coupe-jarrets qui n'ont donné d'autres preuves de leur valeur intellectuelle ou morale que le guet-apens de la Brégalnitsa ou l'organisation des comitadjis. Si, au lieu d'écouter ainsi quelques mouches du coche ou quelques pseudo-francophiles qui colportaient à Paris des nouvelles controuvées et des promesses violées d'avance, l'Entente eût simplement prêté l'oreille aux avis documentés qui lui arrivaient de Belgrade, Sofia eût été occupée avant que Ferdinand de Cobourg eût achevé les préparatifs de sa trahison ; la Bulgarie eût été préservée d'un crime qui pèsera longtemps sur son avenir ; on eût épargné à la Grèce les douloureuses défaillances qui ont si tristement compromis sa renommée et ont déchaîné sur le monde hellénique un épouvantable cataclysme. La Serbie enfin n'eût pas été condamnée aux odieuses épreuves au milieu desquelles elle se débat encore aujourd'hui.

***

Le détail des événements, nous ne le connaissons pas encore, et, il y a quelques mois, le public ne les soupçonnait que d'une manière tout à fait vague et incomplète. Il sentait seulement que nous étions en partie responsables de la situation à laquelle la Serbie était acculée. Sans qu'il puisse naturellement le moins du monde être question de duplicité ou même d'indifférence, mais par un tragique enchaînement de malentendus et de lenteurs, nous la leurrions de promesses qu'il ne nous était pas possible de tenir ; nous lui imposions une stratégie qui ne répondait ni à ses intérêts ni à ses ressources ; nous lui dictions un plan de campagne qui la condamnait à l'encerclement et à la capitulation.

Si l'armée doit mettre bas les armes, avait dit le vieux roi Pierre, l'ennemi ne m'aura pas vivant. Pas plus que son souverain, le peuple serbe n'a capitulé. L'armée, à force d'héroïsme, a échappé à la poursuite de Mackensen. Refaite, réorganisée, elle est prête à de nouveaux combats et il est permis d'entrevoir le moment où elle affranchira de nouveau les champs sacrés de Kosovo et où elle rentrera victorieuse dans Belgrade, reconquise et libérée du joug étranger! Mais, que de jours terribles qu'avec un peu plus de perspicacité et de décision il nous eût été aisé d'épargner à nos alliés et à nous-mêmes!

La sympathie que nous inspirent l'endurance et la ténacité des soldats de Michitch, de Yourachitch, de Zivko Pavlovitch, de Stiépanovitch — que de noms il faudrait citer que chanteront les *pesmés* de demain! — l'admiration qui s'élève unanime vers les intrépides défenseurs des défilés de Katchanik et de Babouna, la pitié qui nous envahit à la pensée des tortures sans nom que connurent les milliers de réfugiés qui, plutôt que de subir le contact impur de l'envahisseur, abandonnèrent leurs maisons et périrent dans les défilés de l'Albanie ou du Monténégro, se mêlent ainsi chez nous à une sorte d'obscur remords. Nous sentons que nous avons vis-à-vis de ces victimes innocentes un devoir impérieux. Comme par un besoin d'expiation, nous éprouvons le désir de partager dans une certaine mesure leurs indicibles souffrances. Nous y cherchons un moyen d'apaiser nos regrets, en même temps que l'assurance d'une prochaine consolation et l'espoir d'une complète revanche. C'est, si je ne me trompe, une des raisons pour lesquelles les récits consacrés à la conquête de la Serbie par les Austro-allemands-bulgares sont accueillis avec une telle avidité par le public français.

*
* *

Le récit que publie aujourd'hui M. Thomson se recommande par des qualités éminentes qui en font un document de premier ordre.

Tout d'abord, il nous frappe par la sincérité absolue du récit et par la loyale simplicité du ton. Rédigé au jour le jour, sous la dictée immédiate des événements, il nous donne l'impression même de la réalité prise sur le vif. M. Thomson ne cherche pas l'effet, ne poursuit pas l'épithète pittoresque et ne songe pas à nous émouvoir. Sans phrase, étape par étape, il nous raconte les épisodes de cette *béjania*, de cette fuite qui, commencée en automobile à Chabats, se poursuit ensuite à pied, sous les pluies de novembre, à travers les gorges de la Bystritsa gonflée par les pluies automnales, et les cols du Tchakor. Que de fois déjà, dans les siècles passés, ces malheureuses populations de la vieille Serbie et du Sandjak ont dû ainsi abandonner leurs campagnes et leurs maisons devant les hordes des barbares ! Comment, au milieu de pareilles épreuves, la race a-t-elle résisté ! Comment, de nos jours, le cœur des officiers et des hommes d'État qui avaient laborieusement préparé à leur peuple un meilleur avenir, ne s'est-il pas brisé !

Nulle part, l'héroïsme ne prend là de poses déclamatoires. Ni geste dramatique, ni parole de tragédie. Chacun marche devant soi, soucieux de tenir jusqu'au bout de ses forces, uniquement préoccupé d'accomplir de son mieux la tâche, importante ou modeste, qui lui a été confiée. M. Thomson, — et c'est ce qui donne à son récit une saveur spéciale et un parfum particulier, — ne rappelle en rien l'homme de lettres professionnel. Il ne songe pas au lecteur et à l'effet qu'il pourra produire. Comme beaucoup d'officiers, chez qui les nécessités de la vie développent un sens très aigu de la réalité, il a une vue pénétrante et rapide ; les esquisses qu'il résume en quelques phrases se gravent dans l'esprit comme autant d'eaux-fortes. — « Pendant que nous relevons notre cheval, des camarades nous dépassent. Sur cinq petits chevaux, leurs bagages sont attachés à des samarres (bâts). Une de ces samarres tourne, une caisse tombe, se brise, laissant échapper une gouzla (guitare). Son propriétaire la ramasse, la suspend à son dos, envoie d'un coup de pied la caisse dans le ravin, et, la samarre rajustée, en route ! Napred ! En avant. »

N'est-ce pas, comme dans un croquis rapide, la Serbie entière qui abandonne tout, sauf ses traditions et son passé ? Les Allemands, pas plus que les Turcs, n'arrêteront la voix du gouzlar ; ils n'arracheront pas aux Yougo-slaves leurs souvenirs, — et avec leurs souvenirs, leur indomptable confiance dans l'avenir.

Quel tableau poignant aussi que celui du colonel Bojedarovitch, qui commandait à l'arsenal de Kragoujevats ! Deux officiers de la mission marine anglaise lui demandent des affûts pour de petits canons qu'ils ont réussi à sauver jusque-là. Le colonel les conduit devant l'entassement des canons autrichiens, trophées des dernières victoires. — Il se tourne vers moi, écrit M. Thomson, et, avec ce sourire particulier aux Serbes dans les heures tristes : « Malheureux de laisser tout cela », me dit-il.

***

M. Thomson ne dissimule pas les sympathies très sincères et très profondes que lui inspirent les Serbes. Il contribue à nous les faire partager, parce qu'il ne les idéalise pas. Il ne nous les représente pas figés dans des poses hiératiques et il ne s'étonne pas, parce que, çà et là, quelques défaillances se produisent. Si un de ses domestiques vend par mégarde (?) une de ses couvertures ou même un de ses chevaux, il a beau avoir dans les veines du sang britannique, son austérité puritaine ne secoue pas la boue de ses semelles sur une race avide et pillarde. Quand on lui fait payer fort cher quelques maigres aliments, ou qu'on répond brutalement à ses demandes : Néma. — Il n'y en a pas, il n'y a rien, — il ne se répand pas en invectives et en récriminations. Il ne cherche pas à nous dissimuler, que, si, pendant les mois qui ont précédé la retraite, les travaux de voirie avaient été plus activement poursuivis, la *béjania* aurait été moins meurtrière et plus rapide. — Après tout, au lendemain d'un si violent effort, les Serbes sont-ils inexcusables de n'avoir pas prévu un si cruel retour de fortune et sont-ils les seuls à attendre l'avenir avec quelque nonchalance?

Les Yougo-slaves, il convient de ne pas l'oublier, sont échappés d'hier à la domination turque. Sous un régime où la propriété n'était nullement garantie contre les pires exactions, sans cesse exposés aux caprices de maîtres tyranniques, comment auraient-ils acquis le sens de l'épargne, l'habitude du travail régulier et patient, l'application et la méthode? Ils se sont accoutumés à vivre au jour le jour, plus capables d'élan que d'effort soutenu, et ils ont conservé beaucoup de défauts de la prime jeunesse, et aussi de son charme.

De la jeunesse, ils ont la simplicité, la confiance et la candeur. Ils en ont de même la gaîté naturelle, la souplesse et une élasticité qui déconcerte leurs ennemis et qui leur permet, après les pires catastrophes, de rebondir avec une rapidité merveilleuse. La race est vigoureuse et saine, elle est intelligente, alerte et vaillante.

De même que la Choumadia, au point de vue géographique, forme la transition du plateau dinarique au bassin pannonien, dans la Choumadia, qui ne comptait guère dans la Serbie ancienne, et qui a créé la Serbie moderne, les montagnards des plateaux, surtout de la zone verte et forestière, se sont mêlés aux habitants du *polié* de Kosovo et des vallées de la Morava et du Vardar. Les pâtres des régions hautes ont transmis à leurs descendants leur instinct d'indépendance, leur orgueil indomptable, leur robuste fraîcheur morale et physique. Les colons du sud, grandis à l'ombre des cloîtres des cathédrales et des châteaux de la vieille Serbie, leur ont enseigné le respect de la tradition, le culte des ancêtres, la fierté de la race. Dans l'ensemble du pays, ce qui domine, c'est un sens très vif de la dignité personnelle, une instinctive noblesse de sentiments qui se traduit par la grâce des attitudes et l'élégance courtoise des manières, et cette sorte d'allégresse que donne la conviction que, quelque dure que soit la destinée, si lourde que soit la tâche, on trouvera en soi le courage de n'être pas inférieur à sa mission. La qualité maîtresse du Serbe, celle qu'il admire et qu'il cultive entre toutes, c'est le *tchoistvo*, la virilité, la vaillance. Elle lui permet de ne jamais désespérer du lendemain, parce qu'il reste toujours digne de la revanche.

***

Au moment de l'extrême péril, le prince héritier Alexandre adressa au roi Constantin un télégramme privé, pour lui demander si la Grèce remplirait les promesses auxquelles elle était tenue par le traité qui la liait à la Serbie. Constantin fit au prince Alexandre la réponse suivante que rapporte M. Barby en affirmant, « sinon l'exactitude de tous les termes, du moins la fidélité absolue du sens » : — « La Serbie n'a qu'un intérêt, qu'une ligne de conduite à tenir, faire la paix avec l'Allemagne et l'Autriche. Je puis te garantir que l'Allemagne n'a aucun sentiment d'animosité contre les Serbes. Elle ne leur demande que la liberté de passage. J'ajoute que je suis disposé à servir de trait d'union entre les deux gouvernements et que je sais que l'Allemagne, dans ce cas, fera la pression qu'il faudra auprès de l'Autriche pour que celle-ci cède à la Serbie une partie de la Dalmatie. » (Commencement d'octobre 1915. *La Serbie héroïque*, p. 206).

Humainement parlant, disait Grégoire XVI d'un martyr qui avait subi le supplice plutôt que d'abjurer son Dieu, il eût peut-être mieux fait de ne pas pousser à bout ses ennemis. Reste à savoir ce que vaut une vie que l'on a achetée au prix de certaines apostasies. Dieu n'arrête pas ses comptes chaque semaine, dit le proverbe serbe ; le jour vient tout de même où il les arrête. Ce jour-là, le peuple serbe, du voïvode au simple paysan, du souverain à la pauvre *baba* qui a laissé sur la route ses enfants morts de froid et de faim, aura le droit de se lever devant le tribunal de l'histoire, et il réclamera la récompense que lui ont méritée ses sacrifices et sa constance.

***

A l'heure solennelle du règlement des comptes, la Serbie trouvera la France à son côté. Pour elle, nous avons fait, sinon tout ce que nous aurions désiré, du moins tout ce que nos forces nous ont permis. C'est avec nos canons du Creusot qu'elle a remporté ses premières victoires; pendant les effroyables épidémies qui ont décimé sa population, nos missions sanitaires l'ont disputée au fléau et ont arrêté les ravages du typhus; nos aviateurs ont été les auxiliaires les plus dévoués de son état-major; le général Sarrail, pour l'arracher au péril qui la menaçait, a poussé l'audace presque jusqu'aux limites de l'imprudence, et il n'a pas tenu à lui que la retraite ne fût ouverte à ses armées par Monastir et le Vardar. Nous avons ravitaillé, rééquipé et refait son armée à Corfou; nous l'avons transportée, réorganisée et ressuscitée, à Salonique. Dans les larmes et le sang, s'est nouée entre la Serbie et la France une de ces fraternités, de ces *pobratimstvo*, qui ont pour fondements une fidélité réciproque absolue, un dévouement à toute épreuve et une complète loyauté.

Puisse l'avenir nouer toujours plus étroitement les liens qui unissent les deux peuples !

Des livres tels que celui de M. Thomson servent admirablement l'alliance, parce qu'ils nous apprennent à mieux connaître les Serbes. A ce point de vue, en même temps qu'il restera un document précieux pour le passé, il prépare l'avenir. Puisse-t-il avoir la fortune qu'il mérite !

E. DENIS.

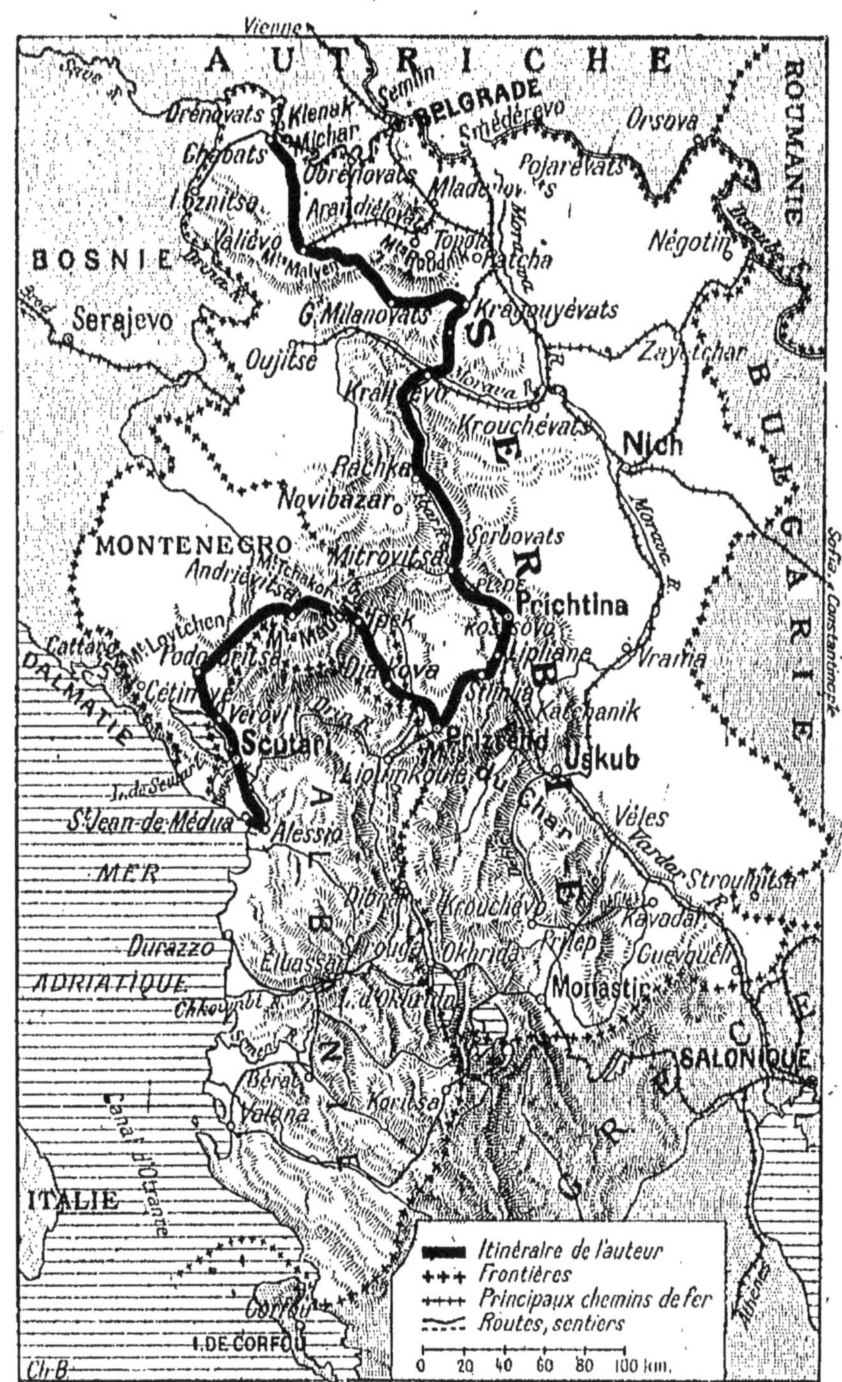

RETRAITE DE SERBIE.
(Octobre-Décembre 1915.)

LA RETRAITE DE SERBIE

I

DÉPART DE FRANCE ET PREMIERS TEMPS PASSÉS EN SERBIE

Dans les premiers jours de l'année 1915, j'étais à Dijon, occupé tantôt de mon service dans trois hôpitaux temporaires de cette ville, et comme médecin-chef de l'un d'eux, tantôt de l'organisation sanitaire de diverses formations ambulantes (sections du train, boulangeries de campagne, etc.). Entre temps, je fus appelé à faire partie des conseils de réforme. Et certes nul n'était plus convaincu que moi du mérite qu'il y a à remplir chaque jour son petit rôle, tel qu'il vous incombe. Nul ne comprenait mieux que moi que la victoire finale sera due aussi à tous ceux qui se seront acharnés, à force de volonté, à la tâche quotidienne, même modeste et anonyme, souvent ingrate et fastidieuse, et qui s'en seront bien acquittés jusqu'au bout.

Pourtant, je dois avouer que le temps me pesait et que je brûlais d'un désir intérieur de voir, de tenter, de faire, quoi? je n'en savais rien exactement, mais enfin, autre chose ! Il me semblait que mon activité pouvait avoir un meilleur emploi que celui qu'elle avait trouvé.

Un dimanche, après-midi, comme je terminais ma contre-visite, un secrétaire entra, une dépêche ministérielle à la main : « On demande des médecins volontaires pour combattre une épidémie de typhus qui sévit parmi les populations serbes. Répondre par télégramme. »

Le mot seul de Serbie éveillait en moi mille sentiments d'intérêt et de sympathie. Tous les souvenirs de la première guerre balkanique, que j'avais suivie avec une passion enthousiaste, me revinrent à l'esprit. L'épopée de Kirk-Kilissé, Lule-Bourgas, Koumanovo, Uskub, la prise de Monastir, la conquête d'Andrinople ! Puis la grande déception de la seconde campagne, quand la Bulgarie, poussée par l'Autriche, prenait à la gorge sa sœur la Serbie, et faisait avorter le rêve de la formation des États unis des Balkans ! Et c'était ce peuple dont j'avais tant admiré la vaillance, aussi bien dans son histoire passée, sa longue et constante rébellion contre les Turcs, que dans ses combats plus récents et sa lutte de l'année précédente contre l'Autriche, — c'était ce peuple, affaibli par deux ans de guerre sans trêve, et menacé aujourd'hui d'être victime de la terrible épidémie, qu'il s'agissait d'aller secourir. Je n'hésitai pas, et je télégraphiai mon adhésion.

Ma femme essaya un moment de me retenir, puis elle me déclara que, si je partais, elle m'accompagnerait ; ce qu'elle fit en effet. Après quelques lenteurs administratives sur lesquelles il est inutile d'insister, ma nomination dans la Mission médicale française me parvint.

On nous avait avertis que, devant nous trouver dans un pays absolument sans ressources, nous n'avions guère à compter que sur nous-mêmes, et qu'en conséquence nous étions autorisés à emporter un poids de bagages illimité. Je me réglai sur cet avis. Je ne partis qu'avec un nombre considérable de colis de toute espèce. On verra que rien ne devait revenir de là-bas ! Pas même mon automobile[1]. J'avais jugé qu'il me serait précieux de l'avoir avec moi, dans un pays où les communications étaient rares, et où, disait-on, les voitures circulant sur les routes aussi bien que les wagons de chemin de fer étaient un des plus redoutables moyens de propagation du typhus. Au besoin même, elle me servirait d'habitation, m'offrirait, le cas se

1. Une De Dion, 10 chevaux.

présentant, un coucher plus confortable qu'une simple tente. Puis, je n'ignorais pas que les Missions anglaises possédaient des autos ; il me semblait que plus, nous aussi, nous en aurions, mieux cela vaudrait pour notre prestige. Elle m'a rendu tous les services que j'en attendais. Mais qu'est-elle devenue aujourd'hui ?

Le 8 avril 1915, à six heures du soir, un paquebot des Messageries maritimes, le *Lotus*, quittait Marseille, nous emmenant avec une trentaine de médecins de la Mission française. Il y avait également à bord deux Missions anglaises, dont celle de Mrs Stobarts, qui venait d'accomplir en Belgique et dans le nord de la France l'œuvre la plus admirable. Je devais retrouver plusieurs de ses membres, aux heures critiques du retour.

Le *Lotus* toucha Malte, le Pirée, Salonique enfin. Le matin du 18 avril, nous prîmes dans cette ville le train qui devait nous conduire en Serbie. A Kragouyovats, qui est le chef-lieu de la Choumadia[1], province du centre de la Serbie, nous dûmes quitter le chemin de fer, pour couvrir en auto la trentaine de kilomètres qui, en remontant vers Belgrade, nous séparaient de Ratcha.

1. De *Chouma*, forêts.

Ratcha était le poste que le chef de la mission m'avait désigné.

Je ne dirai rien de cette petite ville, d'une population d'environ 3 000 habitants, ni du séjour que j'y fis, ayant hâte d'arriver à la retraite même que j'ai entrepris de raconter ici.

Je ne parlerai pas non plus de l'œuvre prophylactique accomplie par moi à Ratcha et dans les localités environnantes qui formaient mon ressort d'action. Encore moins serai-je tenté de faire un historique de l'activité déployée par la Mission médicale française. D'autres, mieux placés pour s'en rendre compte, et ayant à leur disposition le résumé du travail de chacun, traiteront ce sujet.

Pendant le long espace de temps que j'ai vécu en Serbie, je n'ai pas été sans recueillir un grand nombre d'observations sur les mœurs, les coutumes, l'histoire, les aspirations d'un peuple si intéressant à étudier de près. Je me déciderai peut-être un jour à en faire part au public.

Pour cette fois, je veux me borner à ce que j'ai vu et entendu lorsque, dans les derniers mois de mon séjour, je me trouvai presque sous le feu de l'ennemi ; puis, lorsqu'il fallut se retirer devant lui.

Après cinq ou six semaines passées à Ratcha, je reçus ma nomination au poste de Chabats, le poste le plus avancé au nord-ouest de la Serbie, sur la Save.

Nous dûmes faire en voiture le trajet qui nous séparait de Chabats et nous nous embarquâmes sur une de ces « kolas », voitures sans ressorts, particulières à la Serbie, et qui, avec leur arrière indépendant de l'avant, se tirent des pires chemins, grâce à leur extrême solidité. Notre première étape, Natatintsi, était à 15 kilomètres; il nous fallut plusieurs heures pour les franchir. Nous nous arrêtâmes ensuite à Topola dont nous avions aperçu de loin les trois dômes blancs couronnant la nouvelle église bâtie par le roi actuel.

Topola fut jadis la demeure du premier Karageorge. Le roi Pierre, voulant consacrer le berceau de la dynastie, avait commencé d'y faire construire une basilique tout en marbre blanc dont l'intérieur n'est pas encore achevé. Il y a fait inhumer les membres de la famille, et l'on attendait que tout fût terminé pour y transporter solennellement les restes du grand Karageorge qui repose actuellement dans une petite chapelle, à Topola même, au bas de la colline.

J'admirai particulièrement la porte principale en bronze martelé, surmontée d'une mosaïque qui représente Saint Georges tuant le dragon.

Derrière l'église, on me montra la modeste

maison où habitait le roi Pierre, et nous pûmes le voir lui-même, faisant la promenade du soir en compagnie d'un officier.

En redescendant la colline, on parla de lui, et je me souvins d'un émouvant récit qui m'avait été fait.

C'était pendant la retraite qui précéda la grande victoire sur les Autrichiens, dans l'hiver de 1914. Après un soir de combat, à Torlak, quelques soldats se chauffaient devant un misérable feu. Ils se laissaient aller au découragement, disaient que tout allait mal, que cela devenait trop long ! Un vieillard, que l'on n'avait pas remarqué, un officier assurément, mais qui ne portait aucun galon d'or sur sa capote sombre, ni sur son humble bonnet de police, se mêle au groupe : « Prenez courage, mes enfants, dit-il, rien n'est perdu ; voilà trois ans que vous luttez comme des héros pour « la Plus Grande Serbie » ; ce n'est pas à la veille de vaincre qu'il faut se laisser aller ! — Et qui donc es-tu, toi, vieil homme qui nous parles ainsi ? — Moi, répondit simplement le vieillard, je suis le roi Pierre. »

« Je l'ai vu aussi, ajoutait le narrateur, dans une tranchée, sous la pluie. Un soir, après une très longue étape, ne trouvant aucun autre abri, il a dormi dans une petite hutte servant d'étable. »

Il vivait ainsi, dans ces mauvais jours, au

milieu de ses soldats. Vieux, faible et souvent malade, on le voyait un peu partout et cela redonnait confiance. Lorsqu'à la tête de ses troupes, en décembre 1914, le roi Pierre rentra dans sa capitale reconquise que les Autrichiens évacuaient devant lui, « il les suivait de si près que l'un d'eux aurait pu, en se retournant, tirer sur lui. »

Ce jour-là, à Topola, ces mots « Qui es-tu, vieil homme? » me revinrent à l'esprit... Il était vêtu très simplement du grand manteau gris d'officier, et portait le bonnet de police qu'il affectionne.

Notre étape suivante fut Arandiélovats, le Vichy serbe. Puis Valiévo, Leikovats, et Obrénovats, où nous arrivions sur le front, à 3 kilomètres de la Save.

Pour gagner Chabats, il nous fallut alors longer la route qui suit la rivière. Peu après avoir quitté Obrénovats, on se trouve directement en face des Autrichiens qui tirent sur quiconque passe.

Quant à la route, comment la décrire? C'est un simple tracé à travers les champs. A chaque instant, des trous pleins d'eau, d'innombrables fossés et des marais où les chevaux enfoncent jusqu'au ventre.

Dans notre « kola » sans ressorts, cahotés,

bousculés, harassés, nous endurâmes une véritable agonie pendant les douze mortelles heures que dura notre étape. Çà et là, l'on commençait à rencontrer des maisons détruites. A Ochrid, nous remarquâmes un joli clocher percé de trous d'obus, et enfin nous aperçûmes la tour blanche de l'église de Chabats. Il fallait encore franchir au trot deux kilomètres le long de la Save, en pleine vue des Autrichiens.

Après avoir traversé un petit pont, nous entrions dans la ville la plus dévastée (on nous l'avait annoncé) de la Serbie entière.

II

CHABATS

Si nous avions ressenti sur notre parcours une impression de tristesse et de deuil, à Chabats, ce fut bien pis : ici, tout n'était que ruines et que désolation. En arrivant par la route qui longe la Save, nous étions entrés dans l'interminable rue, d'une portée de près de 3 kilomètres, qui fait suite et qui court parallèlement à la rivière : elle en est séparée par des terrains marécageux d'environ 600 mètres. Dans cette rue morne et déserte, nous n'avions vu que maisons détruites, bombardées ou incendiées. Nous constatâmes bientôt qu'il en était de même de toute la ville.

Le plan de Chabats est fort simple : vers le milieu de sa longueur, la grande rue dont il est question est coupée perpendiculairement par une autre rue, également large et droite. L'intersection forme une place, où s'élève, où s'élevait l'église. Car cette pauvre église, d'avoir subi le bombardement successif des Autrichiens et des Serbes, ne présente plus qu'un squelette. La toiture est complètement enlevée, le clocher s'est effondré à moitié; ce qui subsiste des murs est percé d'obus et d'éclats de shrapnells.

En outre des deux artères principales, deux autres rues moins importantes sont parallèles à celle qui continue la route, et que d'autres viennent couper, toujours à angle droit, pour aboutir à la rive de la Save. On comprendra que, lorsque les Autrichiens tiraient dans l'axe de ces voies, il devenait impossible à la population de se sauver sans laisser dans le champ de tir de nombreuses victimes.

On ne nous avait pas menti quand on nous avait dit que Chabats était la ville la plus dévastée de toute la Serbie. Dans la rue parallèle à la Save, il ne reste plus guère que la façade des principaux bâtiments municipaux, palais de justice, préfecture, poste, casino, et des plus riches maisons ou magasins. Ce que l'on en voit encore suffit pour que l'on ne regrette pas énormément, au point de vue artistique, la destruction de ces édifices prétentieux et de mauvais goût, aux décorations surchargées et ridicules, chefs-d'œuvre de camelote boche. Dans toutes les rares maisons ou parties de maisons qui ont été épargnées, cette architecture d'inspiration allemande se retrouve. Les façades en stuc sont ornementées de marbres ou de céramiques aux couleurs voyantes ; les fenêtres sont entourées de lourdes guirlandes, et des sortes de cariatides paraissent absolument déplacées aux angles de maisons ne comprenant qu'un rez-de-chaussée. A l'intérieur, les chambres, confortables et bien distribuées, sont, non pas tendues de papier, mais décorées de peintures à l'eau à même le plâtre. Cela, sans doute, est propre et hygiénique, mais le mauvais goût domine toujours dans les teintes et les motifs.

Toute la ville est détruite, sauf par hasard, entre deux amas de décombres, une maison encore debout. D'autres constructions, éventrées, font songer à des « projets » d'architecte : elles ont été coupées littéralement en deux, et l'on voit les chambres du rez-de-chaussée et celles de l'étage, montrant, dans les parties demeurées intactes, des meubles qui semblent en équilibre instable au-dessus du trou béant.

Quant aux fenêtres, elles n'existent plus, elles n'ont pas résisté aux vibrations de l'air. Si quelques carreaux ont échappé, c'est qu'ici les fenêtres sont doubles ; l'une des deux, qui était ouverte, n'a pas été brisée. Mais le cas n'est pas fréquent, et l'on n'a pas besoin de prescrire aux gens de dormir à l'air libre ; c'est la règle pour tous.

Malgré son aspect de ruine, Chabats ne me déplaît pas. Les herbes ont eu le temps de pousser entre les pavés des rues ainsi que sur les écroulements de murs, les recouvrant d'un manteau de verdure qui produit à certaines places un effet pittoresque. Les trottoirs, les jardins sont encombrés d'énormes amas de platras dévalant en cascades jusqu'au milieu des rues. Mais le malaise revient vite.

Les incendies ont fait autant, sinon plus, de ravages que la canonnade. Lorsque les Autrichiens ont occupé la ville, ils ont procédé avec méthode à la destruction des maisons qui leur avaient été signalées comme appartenant aux habitants les plus notables, ou les plus connus pour leur austrophobie. C'est le sort que subit la maison du juge Popovitch, où nous pénétrons par la brèche. Atteinte par une bombe, tout un angle en avait été comme arraché, mais rien ne peut donner idée de la minutie, si je puis ainsi dire, avec lequel l'intérieur fut pillé. Les portes et les fenêtres ont été mises en morceaux, les serrures jetées à terre et broyées; chaque meuble fracassé de façon à ne pouvoir être réparé, les lampes brisées, les faïences piétinées et réduites en une sorte de gravier couvrant le sol, les bois des lits déchiquetés ; et dans la bibliothèque, c'est le plus complet exemple de vandalisme :

par terre, une couche d'au moins 50 centimètres d'épaisseur de papiers mêlés aux tableaux défoncés et aux couvertures en loques de livres dont les feuillets ont été déchirés presque un à un ; toutes les archives ont été soigneusement lacérées.

Le même travail d'anéantissement a été exécuté dans bien d'autres endroits. Quelquefois, pour compléter et aller plus vite, on a mis le feu ; et alors il ne reste plus rien que quelques ferrailles, des lits métalliques, des poêles, des coffres-forts gondolés et à demi fondus par la flamme.

Des casernes, immenses bâtiments construits près du champ de manœuvres, il ne subsistait que les murs. Trois cents personnes, femmes, enfants et vieillards, y périrent de la mort la plus cruelle. Les Autrichiens qui les avaient enfermés là, oublièrent, dans leur fuite précipitée, d'ouvrir les portes, et l'incendie fut allumé par l'artillerie serbe qui attaquait.

L'hôpital n'avait pas été touché, et les quartiers pauvres, étant situés à l'extrémité de la ville, avaient moins souffert. Les écoles et le gymnase, épargnés en partie, servaient de casernes ; l'archevêché, tout près de l'église, avait également résisté. C'est un ancien *konak*, où résidait jadis, dans les séjours qu'elle faisait fréquemment à Chabats, la reine Nathalie, femme de Milan

Obrénovitch et mère de l'infortuné roi Alexandre, dernier de cette dynastie. On avait installé là le mess des officiers, commandant de place, commandants et capitaines d'infanterie et d'artillerie. J'y fis leur connaissance en prenant mes repas avec eux. Et c'est là aussi que je vis pour la première fois M. Lazitch, préfet de Chabats, avec qui j'ai eu jusqu'au bout de cordiales et agréables relations. Je devais trouver en lui un auxiliaire précieux pour l'accomplissement de la mission que j'avais à remplir, et je le vis à l'œuvre dans les jours difficiles où nous restâmes seuls, lui pour diriger, moi pour soulager la population civile de Chabats.

Je viens de dire que, lorsque nous arrivâmes à Chabats, notre impression avait été celle d'une ville abandonnée, *the deserted village*. En effet, lors de la *Béjania* (retraite) d'octobre-novembre 1914, tout le monde s'était hâté de fuir. Ceux qui n'avaient pu le faire avaient été massacrés ou étaient morts du typhus. Les riches — il s'en trouvait beaucoup à Chabats qui, avant la guerre, était, Belgrade mis à part, la ville la plus opulente de la Serbie, — les riches n'avaient pas reparu. Seuls, les tsiganes et les pauvres gens, qui n'étaient pas allés plus loin que les villages des environs, s'étaient risqués au retour. Ils avaient été suivis par les émigrés sans ressources qui vivaient, dans les provinces du centre, aux frais des municipalités déjà bien chargées. On les avait engagés à réintégrer leurs domiciles. On les rapatriait gratuitement, et on leur délivrait des allocations, hélas ! bien minimes, puisqu'elles ne dépassaient pas 15 centimes par jour.

Mais peu à peu, avec le printemps, les rentrées se firent plus importantes, et au bout de quelque temps je remarquai que la population s'accroissait, qu'un certain nombre de petites boutiques s'ouvraient. La ville se mit à reprendre une apparence de vie et d'activité, surtout aux jours de marché, où les paysans affluaient, autant pour vendre quelques légumes, que pour consulter les docteurs français, mes collègues et moi.

Nous fûmes aidés dans notre tâche par l'existence d'une pharmacie fort bien achalandée, chose extraordinaire dans cette localité où l'on ne trouvait rien. Ayant échappé par miracle à la destruction, elle appartenait à une dame veuve qui était revenue dès les premiers jours de janvier. Elle avait ainsi fait preuve de courage et d'énergie, car le typhus sévissait alors dans toute sa violence. Elle procurait aux malades tous les médicaments que nos ordonnances prescrivaient, et elle rendit ainsi de grands services.

III

L'ARMÉE SERBE

Dans les premiers temps de notre séjour à Chabats, nous entendîmes beaucoup parler d'une offensive, de l'entrée en ligne de la Roumanie, etc. Mais l'armée, décimée par le typhus qui ne commençait à diminuer que pour être remplacé par la fièvre typhoïde, n'était pas assez nombreuse pour garder une frontière très étendue, et, en même temps, attaquer à elle seule, surtout sous la menace constante de la Bulgarie.

Les Serbes décidèrent donc de se tenir sur une défensive expectante, où tout était prévu pour une offensive prête à se produire au moment propice.

Un événement survint dont l'effet fut considérable : ce fut la perte de Przemysl par les Russes. Jour néfaste pour la Serbie ! Les officiers que je voyais fréquemment en éprouvèrent une grande déception. La chute de cette place marquait en effet la fin de l'avance russe, annonçait l'évacuation des Carpathes, de Lemberg, tandis que, plus au nord, la situation de Varsovie devenait critique.

Les Serbes savaient bien qu'avec leur armée de 200 000 à 300 000 hommes, ils ne pourraient tenir tête à l'armée austro-allemande ainsi libérée, ne fût-ce que temporairement, de la pression russe.

A partir de ce moment, il leur fallut songer uniquement à se défendre. Les Autrichiens, qui ne bougeaient plus depuis l'hiver, recommencèrent en effet des agressions partielles tout le long de la frontière.

Une des plus importantes se fit à Chabats.

A l'est de Chabats, à un kilomètre environ, se trouve l'île boisée de Michar, longue d'un kilomètre sur une largeur de 250 mètres. Elle se trouvait alors dans les mains des Serbes qui, très peu nombreux sur toute cette longue frontière de la Drina et de la Save, n'avaient pu y mettre qu'un poste de seize hommes. Dans la nuit du 20 juin, nous fûmes réveillés par une forte fusillade suivie d'une canonnade intense. Au petit matin, nous apprîmes que les Autrichiens avaient occupé l'île, massacrant le détachement de garde, sauf six hommes qui purent s'échapper à la nage. Le bombardement entendu après coup venait des Serbes qui avaient arrosé l'île de leurs projectiles.

Je vois dans mes notes :

« *23 juin.* — Je remarque depuis plusieurs jours un mouvement de troupes. Trois escadrons de cavalerie ont passé à Chabats. On emporte de nombreux pontons dans la direction de Tabanovitch. Jour et nuit, des voitures du train traversent la ville. L'offensive dont on a tant parlé est peut-être imminente. Si la Roumanie avait marché, cela serait fait ; mais avec la Bulgarie à l'est, l'Albanie à l'ouest, les Autrichiens à l'ouest et au nord, les Serbes sont mal placés pour tenter grand'chose. Qu'ils bougent, qu'ils dégarnissent un front quelconque, et à cet endroit on les attaque. En France, on ne comprend pas assez cela. »

Chaque soir, l'on nous prévenait que nous devions nous attendre au bruit d'une canonnade, car on voulait reprendre l'île. Un dimanche, par une nuit sans lune, l'attaque fut donnée. Vers minuit, l'action d'artillerie commença ; elle dura jusqu'à trois heures et demie. Il y eut ensuite une fusillade nourrie ; puis ce fut le silence, et l'on vint nous prévenir que l'île était reprise. En outre, 160 prisonniers, dont deux officiers ; du côté serbe les pertes étaient insignifiantes. A partir de ce moment, il ne se passa pas de semaine sans qu'il y eut quelques coups de canon des Autrichiens, principalement vers Michar. Mais ils n'essayèrent pas d'y réparer leur échec.

Nous apprîmes que sur toute la rive de la Save et du Danube des tentatives semblables à celle du 20 juin eurent lieu. Les Autrichiens recommençaient à tâter leurs adversaires.

L'armée serbe, si je dois en donner un aperçu, est composée de trois corps. Le chef suprême est le roi ; mais, en guerre, son rôle consiste surtout à se montrer aux troupes dans les heures difficiles, où sa présence héroïque les excite au courage et au sacrifice. Pendant la dernière campagne, il fut maintes fois suppléé en ce rôle par le prince Alexandre, très populaire auprès des soldats.

Le commandement effectif est entre les mains d'un général très âgé, le voïvode Putnik Mitchitch, qui, déjà par trois fois, a conduit les Serbes à la victoire. Il était secondé dans sa tâche par le colonel Jivko Pavlovitch.

Chaque corps d'armée est homogène et comprend les mêmes subdivisions que chez nous : infanterie, artillerie, génie, etc.

L'uniforme des fantassins est en drap d'une couleur qui se rapproche du kaki, mais est effectivement composé de sept couleurs. Ce mélange produit une teinte qui se confond absolument avec le sol. J'ai souvent, dans mes tournées, été brusquement surpris par l'apparition d'une section en manœuvres, qui débouchait d'un champ où je ne l'avais pas distinguée. En hiver, les soldats ont une ample capote de même tissu, en été, une sorte de blouse russe absolument unie, en toile kaki, qu'ils serrent à la taille par une ceinture de cuir. Comme coiffure, le bonnet de police de même étoffe.

Leur fusil est un Mauser qui est à chargeur à cinq cartouches. Le premier ban seulement est armé de ce fusil. Le deuxième et le troisième bans sont munis d'un mauvais fusil de fabrication russe, ancienne, qui, lorsqu'on a tiré dix coups, s'échauffe tellement qu'il faut s'arrêter un moment avant de recommencer.

La baïonnette, courte, plate, et bien en main, est très précieuse au « *voïnik*[1] » pour transpercer l'adversaire, car le soldat serbe est supérieur dans le corps à corps. Au repos, elle devient l'outil universel. A Chabats, où les commodités de la vie étaient très restreintes, la baïonnette du « *posilnik*[2] » rendait des services de toutes sortes : elle ouvrait les boîtes de conserve, cassait le

1. *Voïnik*, soldat.
2. *Posilnik*, ordonnance.

sucre qui, quand il y en avait, nous était remis en blocs, pulvérisait le gros sel gris — je n'en finirais pas si j'énumérais tout. — Le fantassin possède en outre une bombe qu'il suspend à son côté et qui est toujours prête. De forme carrée, elle est munie d'un bouchoir en cuivre. Lorsqu'on s'en sert, on frappe ce bouchoir contre un corps solide quelconque (une pierre ou la crosse du fusil) et on compte jusqu'à dix avant de lancer la bombe. Si l'on s'est trop hâté, on risque que l'ennemi vous la renvoie avant l'éclatement.

Comme chaussures, les soldats ont un soulier semblable à notre godillot ; mais, quoique bien fait, il n'est pas très en faveur parmi ces paysans habitués à leurs fameux *opankés*.

L'opanké est une sorte de sandale en cuir, qui est pour les Serbes ce que les espadrilles sont pour nos montagnards pyrénéens. Voici la façon dont les opankés sont fabriqués : un morceau de cuir ayant la forme d'une semelle, mais dépassant de tout côté la largeur habituelle d'un pied, est coupé et trempé dans l'eau. Quand le cuir est bien amolli, on pose dessus une forme en bois, et on relève les bords qu'on maintient en place à l'aide de cordes. On fait sécher, on enlève les cordes, et l'opanké est fait. Cette sandale est retenue au pied par de longues courroies que l'on passe dans les bords de la semelle, et que l'on remonte en spirales jusqu'au-dessus de la cheville, le long de la jambe.

Lorsque leurs souliers sont usés, les hommes s'empressent de reprendre leurs vieux opankés qui leur permettront de marcher sans souffrances. Pendant l'hiver de 1914-1915, dans cette terrible retraite au milieu des plaines boueuses où la marche était si pénible, on put dire avec raison que les opankés et les bœufs qui traînaient les voitures de convoi avaient assuré la magnifique victoire qui suivit.

Les soldats d'infanterie portent des ceintures-cartouchières analogues à nos cartouchières de chasse. Il n'y a pas de sac réglementaire. Certains ont le sac autrichien en peau de veau, avec poil roux extérieur. Pas de chaussures de rechange. Le chargement est léger.

En marche, un d'entre eux, généralement un tsigane, les précède en jouant du violon. Dans les circonstances solennelles, telles qu'une revue, ou simplement au moment de passer devant un officier supérieur, ils raidissent leur attitude et tendent la jambe en une sorte de pas de parade peu accentué.

Les officiers exigent moins de signes extérieurs de respect que chez nous et laissent une certaine familiarité s'établir entre eux et leurs hommes qu'ils appellent souvent : « *brate* » (frère), ce qui n'empêche pas quelques bonnes taloches, si le « brate » a la tête trop dure. Lorsqu'un officier adresse à ses hommes une allocution quelconque, particulièrement avant le combat, il les interpelle ainsi : « *iounatzi* » (héros). Ce mot qui chez nous semblerait, s'il était répété fréquemment, un peu exagéré, sonne agréablement aux oreilles des soldats serbes. Il faut les voir alors, le corps tendu, écouter sans un souffle, sans un geste, les paroles qui tombent lentement de la bouche de leur chef.

Les officiers sont vêtus d'un drap plus fin, mais de même couleur que celui les hommes. On les distingue à l'épaulette qui est de galon d'or et divisée longitudinalement en deux. L'épaulette du sous-lieutenant porte une étoile, celle du lieutenant, deux, celle du capitaine de 2e classe, trois, celle du capitaine de 1re classe, quatre. A partir de ce dernier grade, l'épaulette est d'une seule pièce. Une étoile indique le grade de commandant, deux, de lieutenant-colonel, trois, de colonel. Les officiers subalternes ont au bonnet de police un passe-poil rouge, qui est doré pour les officiers supérieurs. Les officiers généraux ont une épaulette en torsade d'or.

Le manteau des officiers supérieurs se porte très long, doublé de rouge écarlate avec grands revers de cette même couleur. Au repos, les officiers ne se séparent jamais de leur sabre, arme légère, de forme élégante, suspendue par deux anneaux et qui présente sur le sabre de nos officiers l'avantage de ne pas traîner à terre, si on ne le soutient pas. Au combat, ils remplacent le sabre par une baguette qu'ils ont à la main. Ils enlèvent leurs épaulettes, prennent le bonnet de police du simple soldat et sont ainsi difficiles à reconnaître.

On distingue les officiers d'infanterie de ceux de l'artillerie par le passe-poil à la culotte ; les premiers l'ont rouge, les seconds noir. Certaines unités de cavalerie, particulièrement la garde du roi, se différencient par les bottes noires, la culotte rouge et le dolman bleu.

A partir de 1904, comme suite à la nouvelle direction donnée à la politique qui devint franchement francophile, l'artillerie eut recours à nos usines ; elle fut dotée de notre 75.

L'artillerie lourde que possède l'armée serbe se compose de pièces capturées aux Autrichiens. J'en ai vu de magnifiques spécimens, traînés par dix et même par seize bœufs. Une certaine quantité de munitions a été prise en même temps que les canons, mais il n'y en a pas suffisamment pour produire un résultat efficace.

Le service sanitaire, depuis le typhus, a été réorganisé complètement sous la direction du colonel Gentchitch, assisté ultérieurement par de nombreux médecins français qui, au fur et à mesure que la décroissance de l'épidémie dans le pays le permettait, ont été appelés à faire partie du service sanitaire de l'armée.

J'ai visité de nombreux hôpitaux de campagne, tous situés un peu en arrière de la ligne de la Save et du Danube ; leur organisation était bien comprise ; ils étaient habilement défilés et à proximité des voies de communication. Ils auraient été utilement placés, si l'offensive projetée avait eu lieu.

L'aviation était presque entièrement confiée aux Français sous les ordres du commandant Vitrat, officier énergique et entreprenant qui organisa et dirigea avec une merveilleuse maîtrise le service de reconnaissances.

Le jour même où nous arrivâmes à Chabats, trois de nos aéroplanes atterrirent sur le champ de manœuvres. Souvent on voyait ces jolis oiseaux survoler la ville ; d'ailleurs, leurs sinistres adversaires ne laissaient pas d'en faire autant. Les habitants avaient vite su distinguer les uns des autres, et c'était curieux de voir tout le monde mettre le nez en l'air, dès que de très loin le bruit d'un moteur se faisait entendre, et tantôt s'écrier avec enthousiasme : *Françous ! Françous !* (les Français !), tantôt, dans la crainte des bombes, au cri de : *Nematchki !* (un Allemand !), disparaître dans les maisons, jusqu'à ce que l'ennemi fût hors de vue. Mais ce jour-là les avions avaient touché le sol et, cet événement assez rare ayant coïncidé avec notre venue, le bruit se répandit que nous avions emprunté la voie des airs afin d'éviter les inconvénients des routes serbes, mauvaises au point d'être impraticables.

Les aviateurs français, qui disposaient d'un important matériel, rendirent de très grands services, et par leurs observations incessantes, et par des raids audacieux qui terrorisèrent les Autrichiens et arrêtèrent ainsi les bombardements dirigés, sans utilité militaire, sur la population. A chaque fois que de tels méfaits se produisaient, les villes autrichiennes étaient bombardées à leur tour, par mesure de représailles. Des appareils ennemis furent également descendus à maintes reprises. Et cela excita chez nos alliés l'enthousiasme le plus vif.

Quant au Génie, je ne sais au juste en quoi il consiste. Je n'ai jamais vu que quelques escouades des compagnies de chemin de fer, qui avaient comme uniforme une casquette ornée d'un insigne à deux ailes comme en ont nos aviateurs. Chaque homme était habillé à sa guise, sans armes, et portait, l'un une pioche, l'autre une pelle, un troisième une barre de forage, etc. Il existait peut-être autre chose, mais je ne parle que de ce que j'ai vu. Le rôle de ces escouades consistait sans doute à détruire ce qui eût pu servir à l'ennemi. Cela a certes son utilité, mais cela ne suffit pas.

Le Train, ou «*Comora*», se recrute par la réquisition de toutes les meilleures voitures des paysans, ainsi que de leurs meilleurs bœufs. Les voitures sont généralement bien bâchées et les conducteurs (*Comordjis*) sont pris soit dans le troisième ban, soit parmi les recrues.

Le premier ban, qui forme l'armée active, comprend les hommes de vingt et un à trente-deux ans ; le deuxième ban, les hommes de trente-trois à trente-neuf ans; le troisième, les hommes de trente-huit jusqu'à quarante-six ans. Les recrues de dix-huit, dix-neuf et vingt ans n'ont été enrôlées qu'au dernier moment précédant l'invasion et même que pendant l'invasion. Elles n'ont jamais été enrégimentées, et par conséquent n'ont pas servi. On les a appelées surtout dans le but de les soustraire aux mauvais traitements de l'ennemi, et de pouvoir par la suite les équiper et les instruire autre part.

A propos de l'armée, disons un mot des *comitadjis*. Ce sont des volontaires des deux sexes qui, faisant le sacrifice de leur propre vie, agissent en terrorisant l'ennemi, soit par le jet de bombes, par l'extermination d'unités isolées, soit par la destruction des dépôts de provisions et de munitions, ou des voies de communications, ponts, tunnels, etc. Ce sont, en quelque sorte, les successeurs des Haidoucks d'autrefois.

Des femmes, qui combattent dans les rangs de l'armée même et portent l'uniforme des soldats, sont également appelées *comitadjis*. Le physique des jeunes filles serbes de la campagne se prête à ce déguisement, et à première vue on ne peut les distinguer de leurs frères.

Certaines de ces volontaires se sont distinguées lors des première et deuxième attaques autrichiennes, et beaucoup furent blessées dans les avant-postes et dans les corps à corps aux tranchées. A un moment donné, il y en avait un grand nombre parmi les blessés des hôpitaux de Valiévo.

Le gouvernement n'encourage pas ces manifestations de patriotisme, mais une certaine licence leur est accordée ; c'est chose inévitable dans un pays où la surveillance ne peut pas être comparée à ce qui existe chez nous.

Les attentats des bandes irrégulières, attirant toujours de la part de l'ennemi des représailles sanglantes, dont souvent d'innocentes populations sont les victimes, gênent plutôt qu'elles n'aident les opérations militaires. Les Autrichiens

IV

SIGNES D'ORAGE

Plusieurs mois s'écoulèrent à Chabats, remplis, pour moi, par mes occupations médicales, dont je me suis promis que je parlerais aussi peu que possible. Puis, peu à peu, l'horizon s'obscurcit. L'on commença à se sentir exposé à une menace plus précise ; et l'on comprit que les événements graves qui se passaient au loin pouvaient avoir brusquement une répercussion violente.

Mais les nouvelles, tantôt pessimistes, tantôt optimistes, nous arrivaient avec du retard et on les accueillait comme d'une oreille indifférente. On vivait au jour le jour, dans une ignorance de tout qui aurait pu être inquiétante si on s'en était soucié. Au contraire, cette incertitude créa une intimité plus étroite dans notre petit milieu, et l'on en prit facilement son parti.

Le travail continuait ; la fièvre typhoïde avait été enrayée grâce aux vaccinations et, vers la fin d'août, se trouva en quelque sorte remplacée par la fièvre des marais, « la malaria ». Heureusement que, dans cette affection, les cas graves sont relativement rares, car, à un moment donné, presque tout le monde fut atteint.

Pour ne mentionner que mon entourage immédiat, mon ordonnance, mon interprète Lazar, Militza, une petite orpheline qui venait chaque jour à la maison, le gendarme Alexandre, et l'équipe des quatre prisonniers autrichiens qui étaient sous nos ordres, tous furent pris presque simultanément. Ma femme et moi, nous y échappâmes.

Il n'y avait plus de désinfections à faire ; j'employai mes hommes à combler les immenses flaques d'eau qui se trouvaient dans la ville et où pullulaient les moustiques, propagateurs de l'épidémie.

Vers la fin de l'été, une sensible augmentation de prix des aliments se fit sentir. Nous n'avions jamais eu que du pain noir, mauvais et mal fait, que l'on payait d'ailleurs cher, 0 fr. 40 le kilo. Il devint exécrable, fait de farine moisie et mal cuite. Les poulets qui, maigres et petits, étaient cependant faciles à obtenir les mois précédents, se vendaient 4 et 5 francs pièce.

Le riz, celui que l'on donne ici aux volailles, coûtait 2 francs la livre ; de même la semoule ; les pommes de terre montèrent à 0 fr. 50 le kilo. Ensuite elles manquèrent. On n'avait pas cultivé les jardins, et l'hiver se présageait menaçant, aussi bien au point de vue de l'alimentation, devenue un problème, qu'à cause de l'approche du froid qui commençait à se faire sentir en septembre et qui, paraît-il, est vif autant que la chaleur d'été est accablante. Les femmes et les enfants étaient vêtus très sommairement et manquaient des choses de la plus élémentaire nécessité.

Un colonel de l'Armée du Salut, M. Govaars, dont l'aide efficace et pratique mettait déjà de nombreuses femmes et jeunes filles, (toutes celles en somme qui demandaient à être employées), à même de gagner honnêtement un peu d'argent, eut une initiative qui devait résoudre à peu près la grande question des vivres. Il demanda et obtint du Parlement l'entrée en franchise de toutes les denrées alimentaires reconnues de nécessité, puis leur transport gratuit jusqu'à Valiévo par chemin de fer et, de là, par voitures du train. Ces denrées, que la Hollande et l'Amérique fourniraient au plus bas prix, devaient arriver par Salonique et être vendues aux habitants nécessiteux au prix de revient. Quelques milliers de francs, que de riches commerçants prêtèrent sans intérêt, devaient permettre d'acheter un premier transport et être ensuite rem-

tentions hostiles étaient certaines. Un mot, et cette vaillante armée serbe écrasait le serpent dans l'œuf.

D'autre part, bien que les Autrichiens nous arrosassent de temps en temps, ainsi que les autres villes du front, leur concentration n'était pas faite et aucune aide efficace ne fût venue alors au secours des Bulgares.

On laissa passer le moment.

A Chabats, les quelques personnes aisées qui étaient revenues dans le cours de l'été, refirent leurs malles et repartirent vers l'intérieur, voire même vers Belgrade, où elles se croyaient plus en sécurité, bien que tout aussi près du front, et d'où, grâce au chemin de fer, elles étaient au moins plus à même de fuir.

Tout le monde envoya quelques bagages à l'abri. Pour ma part, j'emballai une grande quantité d'armes que j'avais rassemblées ou que mes amis les officiers serbes m'avaient données. A côté d'une collection d'obus vides de toutes formes et de toutes dimensions, j'avais une autre collection, qui était magnifique, de baïonnettes anciennes et modernes, turques, russes, autrichiennes, serbes, de diverses grandeurs et de divers modèles. L'ancienne baïonnette serbe était longue, pointue et triangulaire, assez analogue à la nôtre. La moderne, ainsi que la baïonnette autrichienne, ressemble à celle de l'armée anglaise et est courte et plate. J'avais aussi de très curieux sabres-baïonnettes, d'environ 0m,60 de long, très larges; c'était, paraît-il, l'arme des infirmiers autrichiens. Ajoutez à cela une demi-douzaine de fusils tous différents, et des objets en cuivre ciselé, turcs et serbes, anciens, plats, vases, gourdes, etc., et jusqu'à une curieuse lampe confectionnée avec des obus. Cela remplissait huit caisses.

« *24 Septembre.* — Hier, dimanche, dans la soirée, les Autrichiens nous ont bombardés. Quelques obus tombent sur la ville. La canonnade cesse à la nuit. On s'est couché, pensant qu'au petit jour cela recommencerait sans doute, mais dès minuit et demie nous avons été réveillés par un bombardement intense et un feu de mousqueterie et de mitrailleuses continu. Les balles sifflaient au-dessus de la maison, pendant que les obus éclataient aux alentours. On s'est habillé à la hâte, dans la prévision d'un débarquement possible. Beaucoup d'habitants ont quitté leur maison et se sont enfuis dans les villages environnants. J'apprends ce matin que Lazar, mon interprète, est allé conduire sa famille à Yévremovats où il a des amis.

Le commandant B. est venu nous tenir compagnie et nous avons pris le café, causant gaiement puisque l'on n'avait rien à faire de mieux jusqu'à ce que le vacarme prît fin.

Ce matin, on nous informe que personne n'a été touché. Les officiers serbes me déclarent qu'ils n'ont tiré ni un coup de fusil ni un coup de canon. « *Tchekamo i tchoutimo* », me disent-ils en riant, « nous écoutons et nous attendons » ; c'est plus sage, et on n'a pas de munitions à perdre dans la nuit. Si le bombardement avait pour but de faire découvrir l'emplacement de l'artillerie serbe, il a été inutile.

Nous avons trouvé une balle fichée dans la grille du commandant. D'autres sont entrées dans la maison de la pharmacienne. Quelques vitres cassées, voilà tout le dommage. Néanmoins plusieurs familles quittent la ville et nombreuses sont les voitures chargées de meubles qui se dirigent vers Valiévo.

L'hôpital était assiégé dès l'aube par des voitures venant chercher les malades ; nous en avons laissé partir un certain nombre.

Le temps est chaud et beau ; on n'entend plus rien et l'on oublie que l'on est sur le front.

Une diversion ! Vers midi, nous voyons passer, venant d'un village voisin, un cortège de mariage; il est sur une longue file de voitures, dix au moins. La voiture du marié venait en tête. Le jeune homme, paré de ses habits de fête, y était assis à côté de son vieux père. La mariée occupait la seconde voiture en compagnie du *Coume* (parrain) et du *Djever* (frère ou intime du marié). Chevaux et voitures étaient décorés de « *pechkires*[1] » brodés, flottant comme de petits drapeaux. Dans les autres véhicules suivaient les invités, tandis que de jeunes garçons précédaient et escortaient la caravane. »

« *25 septembre.* — Le capitaine D., de Bogatitch, est nommé à Obrénovats ; son aide, le lieutenant B. est envoyé à l'armée serbe. Chabats reste donc le poste le plus septentrional de la mission médicale en Serbie. Le capitaine D. passe ; il nous confie le matériel sanitaire de Bogatitch.

La Bulgarie mobilise. La Grèce aussi ; ce dernier événement nous tranquillise : la Grèce est, en effet, liée à la Serbie par un traité d'alliance. Si la Bulgarie attaque la Serbie, la Grèce a donné sa parole de venir à l'aide des Serbes. Si peu que les Alliés puissent faire, cela maintiendra les Bulgares, tandis que la Serbie pourra s'occuper exclusivement à se défendre sur les rives de la Save et du Danube. Je demande à mon ami le préfet, M. Lazitch, s'il pense que Chabats sera défendu. « Oui, peut-être un peu, » répond-il.

1. *Pechkire*, serviette.

Devant ces probabilités peu encourageantes, je décide, puisque je dois aller à Belgrade dans trois jours (pour me faire soigner une dent dont je souffre atrocement), d'emporter mes bagages avec moi et de les placer à Ratcha, en sûreté... relative, car rien n'est sûr ! Si, comme on le suppose, une offensive générale se produit le long de la Save, du Danube et de la Drina, si les Bulgares attaquent à l'est, et que les Albanais s'en mêlent au sud-ouest, nous serons presque complètement cernés. Heureusement que la Grèce nous couvrira à l'extrême sud.

Que l'on imagine une attaque contre la France, qui se ferait simultanément sur un front commençant aux Sables-d'Olonne à l'ouest, remontant vers le nord, se prolongeant le long du littoral de la Manche, redescendant à l'est le long de notre frontière jusqu'à Monaco. Que, de plus, l'océan Atlantique, des Sables en Espagne, soit remplacé par un pays montagneux, sans routes, sans ressources et peuplé d'une population franchement hostile. Tel est le problème auquel les Serbes devront faire face au commencement de cette nouvelle campagne. »

« *26 Septembre.* — Hier soir, pendant le souper, une formidable explosion ébranla toute la ville. Nous dînions ; les fenêtres tremblent, les assiettes dansent. Je crus à l'explosion d'un dépôt de munitions. Mais mon brave Alexandre, en faisant sa ronde de nuit, entra pour m'expliquer ce bruit insolite. Les Autrichiens lançaient à la dérive de nombreux troncs d'arbre pour faire éclater les mines posées sur la Save par les artificiers russes. L'une d'elles venait de sauter.

Beaucoup de personnes continuent à quitter Chabats. On nous fait part d'une circulaire non officielle s'adressant aux personnes les plus en vue de la région et leur conseillant de se retirer à l'intérieur, discrètement. Mais le préfet a ordre de tranquilliser les populations et de les engager à rester.

Le chef de notre poste, le commandant B., reçoit une dépêche le nommant à l'armée serbe. Adieu, mon voyage à Belgrade. Seul désormais, je ne puis abandonner la place, et je renonce pour le moment à m'absenter. »

« *29 Septembre.* — Départ du commandant. Je reste seul de la mission à Chabats. »

V

LES DERNIERS JOURS A CHABATS

« *6 Octobre.* — Une semaine s'est passée depuis le départ du commandant. Les événements se sont précipités, et ces notes commencées dans une paix relative finiront peut-être en pleine bataille. Depuis quatre jours la Bulgarie et la Grèce sont mobilisées. Les puissances ont envoyé un ultimatum à la Bulgarie lui enjoignant de démobiliser ou de marcher contre la Turquie. Le délai accordé expirait hier à quatre heures, et tout porte à croire que, pour toute réponse, la Bulgarie va se jeter sur la Serbie. D'autre part les Austro-Allemands doivent attaquer sur tout le front de la Drina, de la Save et du Danube, afin de prendre les Serbes par derrière.

Ici, je suis bien placé, soit pour recevoir les balles et les éclats d'obus, soit — chose plus ennuyeuse — pour être fait prisonnier. Nich est muet, pas d'ordres. Rester, si l'Autriche attaque victorieusement, ou ne pas rester, voilà la question. Si je savais être laissé à mon poste afin de continuer à faire mon devoir de médecin, pas d'hésitation. D'autre part, si je dois être expédié du jour au lendemain dans quelque forteresse d'Autriche, cela n'est pas réjouissant ! »

Une habitante de Chabats, revenue inopinément de captivité en Autriche, m'a affirmé que les Allemands font courir le bruit qu'ils ont un million d'hommes à lancer sur nous. Les Allemands doivent assaillir la frontière depuis la Roumanie jusqu'à Obrénovats. Le reste de la Save et de la Drina serait confié aux Croates et aux Hongrois. La suite confirma cette information, quant à la disposition et la nationalité des troupes. Quant au nombre, il était, je crois, exagéré. Mais on remarquera l'habileté qu'il y eut à renvoyer dans leur pays des personnes chargées de répandre de tels bruits. Naturellement, lorsqu'une partie s'en trouva confirmée, le public, déjà affolé, put croire que le tout était exact.

Comme autres nouvelles, rien de la Russie, qui ces temps derniers avait eu quelques succès. Du côté de la France, une avance notable paraît certaine. C'est la bataille de Champagne.

A Salonique, débarquement de sir Jan Hamilton, commandant des troupes de Gallipoli, et de son état-major.

Le préfet m'envoie deux voitures à bœufs, et me conseille d'évacuer mes affaires personnelles. J'expédie deux malles contenant ce que j'ai de plus précieux comme habillement, linge, souliers, vivres, etc., et les « souvenirs » (armes anciennes et modernes). J'en profite aussi pour faire partir une caisse appartenant au lieutenant L., qu'il avait laissée ici, et quatre colis de sérum et de médicaments.

Les voitures étaient en train de démarrer, lorsqu'une formidable explosion retentit. « Encore une mine ! pensai-je ; les monitors veulent se frayer un chemin » ; mais à peine avais-je élaboré cette pensée qu'un réel bombardement commença. Ce fut dans les rues un affolement, mêlé de cris : « Monitors ! monitors ! » Puis le vacarme de la canonnade régna seul pendant quelque temps.

Dans un bombardement ordinaire, les pièces sont assez éloignées et l'on n'entend généralement que l'éclatement de l'obus. Mais, avec les monitors — car c'étaient bien eux, — qui sont à 600 mètres de nous, le bruit du départ et de l'arrivée du projectile se perçoivent également bien. Peu à peu, on s'habitue, et nous étions à dire : « Ce coup est pour la préfecture, celui-ci pour le téléphone, celui-ci pour l'hôpital »... quand soudain une avalanche de plâtres fait suite à un fracas assourdissant : « Celui-là est pour nous » !

En effet l'obus avait éclaté sur la chambre de Lazar l'interprète.

Lorsque tout semble s'apaiser, de nombreuses personnes se précautionnent de voitures et y chargent précipitamment leurs objets les plus précieux. La pharmacienne entre autres vient en courant nous dire adieu. Moitié émue, moitié riant, car, aussitôt le bombardement fini, tout le monde s'en amuse, elle nous dit : « Je vous ai raconté la *Béjania* (la retraite) de l'année dernière ; maintenant vous allez voir une autre *Béjania*, et peut-être la faire aussi. »

Peu après les voitures se mettent à défiler. Cette fois, l'avertissement a été sérieux, et la population qui a trop souffert l'année dernière et qui ne se soucie pas de revoir les « Schwabes » si redoutés, n'en attend pas un second.

De Chabats même et des villages situés au-dessus, c'est toute une procession qui s'en va. Charrettes où sont entassés enfants, vieillards, tapis et caisses, et derrière lesquelles suivent les femmes poussant le bétail. Je n'aurai jamais cru qu'en quelques heures un tel départ pût s'organiser. Les gens se hâtent ; ils veulent, avant la nuit, avoir gagné les villages de l'intérieur et, en silence, tout ce monde défile dans notre rue, hier encore si peuplée.

Vers le soir, nous nous apercevons que nous

sommes presque les seuls à l'habiter. Toutes les portes sont closes. Deux ou trois personnes, qui ne sont pas encore parties, sortent de leurs maisons avec leurs couvertures et un petit ballot, — sans doute les objets auxquels elles tiennent le plus — et nous disent au revoir, s'en allant coucher dans le prochain village.

Ce soir, si l'on bombarde, ce sera sur une ville déserte. La « Béjania » a commencé.

« *7 Octobre.* — J'ai passé la nuit à l'hôpital, d'où tous les malades affolés voulaient s'enfuir. On avait amené quelques blessés, dont un homme avec le bras presque arraché et un enfant ayant la main en marmelade, que je dus amputer. Deux vieillards ont été tués.

Il paraît que les Serbes, menacés par les monitors, ont dû abandonner l'île de Michar. Des convois de blessés venant de Drénovats où il y a eu un fort engagement s'arrêtent ici, et comme je suis le seul médecin, je passe toute la nuit à les panser. J'insiste pour garder ceux qui ne me semblent pas transportables, étant atteints à la tête, au ventre ou au thorax ; mais les autorités serbes, jugeant que Chabats est trop exposé, ne veulent point les y laisser séjourner, et, dès le petit matin, les expédient. C'est chose très regrettable pour ces malheureux !

Le préfet, M. Lazitch, juge prudent d'évacuer l'hôpital. Tous les malades seront renvoyés chez eux, sauf les plus éprouvés qui seront mis en sûreté relative dans le village de Véliko Vranska, à 8 kilomètres d'ici. »

« *8 Octobre.* — Quatorze voitures à bœufs sont venues prendre les malades. J'en ai profité pour y charger le matériel sanitaire de la mission. Tout le personnel de l'hôpital est licencié, sauf Douchane, un jeune infirmier qui reste avec moi. Deux infirmières, Rouja et Nata, ne savent où aller, et je leur conseille de se joindre au convoi que dirige l'économe. Celui-ci a expédié sa famille à Valiévo.

A Véliko Vranska, l'hôpital fut installé dans l'école. Je dis « installé », mais en réalité il cessa de fonctionner au bout de deux jours, et les malades furent dirigés sur Valiévo. »

« *9 Octobre.* — Les monitors ont reparu dans la nuit, allant au nord-ouest, où ils ont protégé le débarquement des Autrichiens à Klénak, à 15 kilomètres d'ici. Leurs soldats se sont embusqués derrière une chaussée que les Serbes ne peuvent attaquer à cause du feu des moniteurs.

De nouveaux convois de blessés me sont amenés pendant la nuit.

Je suis allé voir les malades à Véliko Vranska. L'école est pittoresquement située au milieu d'un verger et, lorsque je suis arrivé, c'était très curieux de voir tout ce monde manger, presque gaiement, sous un gros arbre. On aurait cru un pique-nique, si ce n'avait été les blessés, et le canon que l'on entend sans cesse à quelques kilomètres de nous.

En revenant de Vranska, j'ai trouvé un fusil autrichien tout neuf, jeté sur la route sans doute par un soldat qui le rapportait de Klénak.

En rentrant, je cause avec le capitaine qui était dans l'île au moment de son évacuation. Les hommes étaient cachés dans leurs tranchées au bord de l'eau et ne pouvaient faire un mouvement sans que les monitors qui les dominaient les arrosassent de mitraille : « Cela nous faisait l'impression d'énormes monstres à côté de nous », me raconte-t-il. Et je le crois sans peine.

On dit que les chargés d'affaires de la Quadruple-Entente ont quitté Sofia. Celui de Russie, soi-disant malade, est seul resté. »

« *10 Octobre.* — L'hôpital, avant-hier soir, a été laissé dans un désordre complet : de la paille partout, les fers de lits bousculés ; c'est l'impression d'un départ précipité. Je fais brûler la paille et tout nettoyer. Les salles sont lavées, le parquet passé au pétrole, les lits remis en ordre. Si Chabats nous reste, l'hôpital sera prêt à fonctionner. Si nous devons partir, au moins les Schwabes, en entrant, ne penseront pas que nous avons fui.

Je n'ai plus de malades. Que reste-t-il à Chabats? les très pauvres et les tsiganes. Oh! le bombardement guérit mieux que les remèdes. Personne n'a plus le loisir de se faire soigner. Mais, chaque jour, j'ai les blessés qui viennent de Drénovats, de Tserna Bara et des autres points de contact sur la Save et la Drina. Ils ne séjournent pas; après pansement, on les évacue plus loin.

Nous quittons notre maison, car nous sommes maintenant absolument seuls dans cette partie de la ville. Les Serbes pressentent un débarquement et me disent que l'on tiendra quelques heures en combattant dans les rues, ce qui permettra aux troupes de se replier. Nous nous installons à côté du préfet. Toutes les habitations sont vides et l'on n'a qu'à choisir.

Les nouvelles cependant sont réconfortantes. Des troupes françaises débarquent, paraît-il, à Salonique, amenant des canons pour s'opposer aux Bulgares. On parle de 20 000 hommes. Je pense aux défilés du Vardar, à l'absence de routes, à cette unique voie de chemin de fer si proche de la frontière bulgare. Et cette aide me semble bien loin de nous !... Néanmoins, ce sont de bonnes nouvelles. Puis, à Drénovats, près de Klénak, les Autrichiens viennent d'être fortement entamés, tout en se maintenant toujours, me disent les blessés qui en viennent, derrière leur chaussée d'où on ne peut les déloger. Le canon tonne, au loin, et tout près. On dit qu'il se passe quelque chose à Belgrade et à Obrénovats. Les recrues, qui ont déjà été appelées et renvoyées à deux reprises, passent en grand nombre aujourd'hui. Cette fois, c'est pour ne plus revenir.

En allant voir quelques rares malades dans les rues de Chabats, j'ai trouvé tantôt deux gros obus de 155 non explosés. »

« *11 Octobre.* — Nouveau bombardement. Un obus a démoli une maison à 60 mètres de notre ancienne demeure, et dans celle-ci des balles sont entrées par les fenêtres dans les chambres. Militza qui était allée chercher de l'eau à la fontaine artésienne, a vu trois obus tomber à côté d'elle sur la place et ce n'est que par miracle qu'elle a échappé.

Il y a quelques jours, j'avais été appelé par la « Baba » (la grand'mère) de Militza, pour cette petite, qui est malade. Lorsque j'arrivai, un spectacle émouvant s'offrit à moi. Dans la cour, une charrette attelée d'un misérable avorton de cheval était déjà chargée de quelques paquets et d'une caisse contenant tout ce que possède la Baba, qui s'apprêtait à y placer l'enfant. Mais celle-ci, prise d'un terrible accès de malaria, grelottait et claquait des dents sans pouvoir se lever ni parler. Cependant Militza et la Baba, toutes deux, voulaient s'en aller, tant la frayeur de voir de nouveau les Schwabes les agitait. Lorsque la fillette fut calmée par la quinine, je leur conseillai d'aller rejoindre l'hôpital à Véliko Vranska, et elles partirent tout de suite. Mais là-bas, dès le lendemain, elles n'eurent pas de quoi manger, et elles ne pouvaient rien acheter, n'ayant pas d'argent. Militza revint donc me trouver à Chabats, où tous les jours, ainsi que je l'ai dit, nous pouvions, grâce, à lady Paget, faire une distribution de vivres, seule ressource maintenant de tant de malheureux.

Chaque matin, elle faisait courageusement le trajet et elle réussissait de la sorte à nourrir sa vieille Baba.

Deux cents prisonniers Autrichiens, dont quatre officiers, puis deux mitrailleuses, sont passés ici. C'est la capture du combat de Badovinsti, près de Lechnitsa; et cette prouesse est l'œuvre du commandant X..., dont nous avions fait la connaissance cet été.

La lutte a été dure, les Autrichiens traversaient la Drina dans de nombreuses barques. Les Serbes les ont attaqués avant qu'ils pussent toucher terre et ils ont coulé les barques en y jetant des bombes.

Le commandant arrive lui-même dans l'après-midi. Il est toujours frais et dispos, et plein d'entrain. A mes questions il répond en haussant les épaules ; il sourit, et nous nous quittons en nous serrant fortement la main. Il sait que je suis un ami, aussi affecté que lui-même par la gravité des événements qui commencent à menacer son pays.

Il paraît que Belgrade, Obrénovats, Smédérévo sont occupés par l'ennemi. La Bulgarie ne bouge pas et attend le moment favorable.

Le préfet télégraphie pour moi au colonel Bogidarovitch, commandant l'arsenal de Kragouyévats, le priant d'envoyer chercher mon auto à Ratcha et de la garder à ma disposition. »

« *14 Octobre.* — Depuis avant-hier nous sommes dans le calme et dans l'inconnu, car on ne reçoit aucune nouvelle, pas plus de la mission que des Serbes. Le préfet nous dit ne rien savoir et il paraît lui-même rongé d'inquiétude. La population a pour ainsi dire abandonné Chabats. Le seul mouvement est le passage de blessés, le plus souvent dans la nuit.

Le 7e régiment serbe qui était à Drénovats, est venu se placer en réserve à Yévremovats.

On dit que les Bavarois occupent Belgrade, que la Grèce s'oppose au passage des troupes anglo-françaises ; il y a des rumeurs persistantes d'une attaque bulgare sur la ligne Salonique-Nich à Vrania. »

« *16 Octobre.* — Chaque jour, la région se vide ; le défilé des « Béjanias » est continuel. Je vois passer le chef de gare de la petite ligne de Chabats-Losnitsa. Sur sa voiture est une caisse. « Où allez-vous ? lui demandai-je. — Mettre la caisse en sûreté. — Et le petit train ? — C'est fini, il ne marche plus. Hier, nous avons détruit la machine. — Alors vous partez ? — Oui, mais... on reviendra. » Il fouette son cheval et s'en va.

Toute la journée bombardement tout près, à l'ouest.

L'après-midi, le préfet (nous nous voyons souvent) vient chez moi.. Les nouvelles n'ont jamais été si bonnes. Les Français ont obtenu un important succès à Stroumitsa. Sur le Danube et la Save, l'ennemi n'avance pas. Les Bulgares seraient refoulés, et les Serbes, entrés en territoire bulgare.

De plus, il reçoit enfin des nouvelles de sa femme qui était restée à Belgrade. Un gendarme, après l'avoir conduite à Vrentsé, vient de revenir ici et nous raconte que la prise de Belgrade a été aussi rapide qu'imprévue. Le bombardement, très violent, a duré trente-six heures. Tout est détruit. Il y a beaucoup de morts, surtout parmi les personnes qui ont cherché à fuir pendant ce moment.

Un obus a éclaté dans la chambre de Mme Lazitch quelques minutes après qu'elle eut quitté son appartement pour se réfugier aux étages inférieurs.

L'ensemble des nouvelles ne nous a pas laissé en somme une mauvaise impression. Mais, vers dix heures, le préfet reçoit la nouvelle que Bogatitch doit être évacué dans la nuit. Et il prévoit qu'un ordre semblable va lui arriver d'un instant à l'autre pour Chabats.

A minuit, des coups frappés à la porte nous réveillent en sursaut. C'est mon gendarme Alexandre qui m'apporte ce mot du préfet : « Je crois que vous pouvez dormir encore en paix ce soir, mais soyez prêts à partir demain, dès la première heure. »

VI

LA « BÈJANIA » (LA RETRAITE)

Après l'avis du préfet, nous nous sommes rendormis tranquillement, mais selon son conseil, dès cinq heures, nous étions sur pied, et nous nous préparions à nous en aller.

Lazar, l'interprète, qui était revenu, après avoir confié sa famille à ses amis de Yévremovats, me dit qu'il n'y a plus une minute à perdre, que la mission russe, la poste, la gendarmerie, le préfet, tout a décampé. Nous sommes les derniers; aussi a-t-il hâte qu'on se mette en marche. Tchitcha est assis sur le siège du vieux fiacre. Dragomir conduit la kola où sont entassés les quelques objets qui nous restent, nos couvertures et la tente. Au signal: « *Napred* » (en avant), le convoi s'ébranle. Le canon gronde; on voit à droite et à gauche les nuages blancs des obus qui éclatent, les balles sifflent de tous côtés: on va sans rien dire et l'on force l'allure pour sortir de la longue artère qui est dans l'axe du tir. A travers champs, deux compagnies se rendent vers la Save pour couvrir la retraite. Peut-être les Schwabes sont-ils déjà dans la ville.

Le voyage est lamentable. Sur la route où la boue est épaisse de 10 centimètres, nous allons au pas, comme tous les pauvres gens qui autour de nous emportent sur leur dos leur ballot de couvertures. Les pieds enfoncent plus haut que la cheville dans le sol fangeux ; les enfants ne peuvent avancer. Tout le monde est parti à jeun, car il n'y avait pas de pain depuis hier à Chabats. A Yévremovats beaucoup s'arrêtent. Notre pauvre Tchitcha rencontre des gens de Tabanovitch qui lui disent que tous les siens y sont restés, et que les Schwabes ont traversé la Save.

Nous passons par Véliko Vranska pour voir si l'hôpital est bien évacué. Tout est encore là, attendant les voitures. Le personnel piétine fiévreusement, tandis que, calme et paisible, la vache de l'économe broute tranquillement. Militza et sa grand'mère sont là aussi, et la pauvre Baba nous supplie d'emmener la petite. Nos voitures sont déjà bien chargées, et nous ne savons comment nous allons nous nourrir, nous et nos quatre hommes, les deux cochers, l'interprète et l'infirmier. Mais la petite est si vaillante que nous nous sommes attachés à elle ; elle nous suivra. L'économe promet de prendre avec lui la Baba, que nous retrouverons à Valiévo.

Il faut avoir vécu en Matchva et y avoir voyagé pendant des jours de pluie pour se faire une idée de notre marche. Les chemins sont encombrés de piétons, de kolas et de longues files de voitures à bœufs de la *Comora*. A la moindre montée, tout s'arrête et il faut pousser les voitures. Lorsque des bœufs ont glissé, se sont agenouillés dans la boue, tout est bloqué. Cinq cents personnes passeront à côté sans essayer de venir en aide. Nous arrivons dans une auberge où nous trouvons de quoi faire un maigre repas ; mais, apprenant que nous avons dépassé la route de Vladimirtsi qui bifurque à gauche, — c'est à Vladimirtsi que le préfet nous avait donné rendez-vous, — nous revenons sur nos pas, vers Chabats. A peine sommes-nous dans cette direction que nous rencontrons tout un train d'ambulances accompagné par deux majors français, Fallot et Corvisy. Ils me déconseillent vivement de perdre du temps ; filez au plus vite sur Valiévo, disent-ils, les Allemands y seront peut-être avant nous.

Vers le soir, nous arrivons à Bochniak, village encombré de recrues, de fuyards, d'ambulances évacuées. Il est impossible d'avoir quoi que ce soit à manger et nous montons la tente. Dès le matin venu, nous nous hâtons de repartir et gagnons Kotseliövo. L'hôpital de Chabats nous rejoint. Tout le matériel est donc en route; les infirmières, l'économe aussi, mais la Baba de Militza n'a pu être emmenée. Les infirmières nous disent qu'elle nous supplie de ne pas abandonner la petite, qui est prise d'un vif désespoir. C'est ici que Tchitcha retrouve son fils Vlada, âgé de quinze ans. Lui seul s'est enfui; sa mère et ses sœurs n'ont pu le faire. La joie de Tchitcha qui rit et pleure est touchante, et comme il nous demande de garder le gamin avec nous, nous n'avons pas le courage de lui refuser cela. Ce sera une bouche de plus à nourrir.

On nous prévient que M. Lazitch, le préfet, vient de quitter Vladimirtsi et que tout se replie au plus vite. Au dépôt de l'intendance, on donne des sacs de farine à qui en veut, mais combien de choses sont laissées là. Au sortir de Kotseliövo, les bœufs ne peuvent monter la côte; les roues se cassent; les convois restent en panne. On pousse les voitures. Avec des peines infinies, on fait quelques kilomètres, et, à la brune, on campe sur le bord de la route. Toute la nuit le défilé continue, et au matin nous sommes de nouveau derrière les convois.

Vers deux heures de l'après-midi nous arrivons à Valiövo que l'on est déjà en train d'évacuer. Tous les bagages que nous y avions expédiés de

Chabats ont été, paraît-il, envoyés plus loin. Mais où ? Personne ne le sait.

Le dernier train vient de partir pour Mladenovats où est la jonction avec la grande ligne. Nous, nous devons rejoindre Kragouyévats.

Voici notre quatrième journée de marche. Je voulais attendre l'arrivée du matériel de l'hôpital et de notre matériel de mission ; mais comme il n'y a pas à s'attarder, je laisse Lazar et Douchane pour s'en occuper.

Nous sortons de Valiévo avec le colonel C. Après avoir suivi la Koloubara pendant trois ou quatre kilomètres, nous prenons un raccourci et escaladons d'abord une colline tellement à pic qu'il faut que nous nous mettions tous après chaque voiture pour la pousser. Ensuite nous sommes engagés dans un chemin terriblement boueux, et enfin nous voilà bloqués par une rivière qui a grossi et est impraticable. On décharge toutes les voitures et on lance la première. Des hommes entrent dans l'eau qui a un mètre de profondeur, excitent les chevaux qui font un effort et finalement atteignent la rive opposée. L'eau coule à flots dans les voitures.

Il s'agit ensuite de transporter tous les bagages et cela nécessite plusieurs traversées sur un déversoir près du petit moulin. Il faut sauter de l'un à l'autre sur des poteaux espacés qui sont reliés ensemble par des branchages. Comme chaussée, c'est rudimentaire, et il est peu prudent de manquer son coup, car la rivière est large de dix mètres, assez profonde, et le courant ne laisse pas d'être rapide.

Enfin nous voilà passés, armes et bagages, et nous retrouvons la grande route à Mionitsa.

En cinq heures nous avions fait cinq kilomètres et nous perdîmes le reste de la journée à attendre d'autres officiers, qui, ayant pris par ailleurs, étaient déjà devant nous !

Le lendemain, nous continuons dans la direction de Gornia Milanovats, toujours à pied, car les pauvres chevaux peuvent à peine avancer dans cette boue profonde. Le ciel est gris ; une petite pluie fine tombe. Toujours le même encombrement de convois, de piétons, de troupeaux, lamentable et pitoyable défilé.

Au soir, le colonel nous fait camper dans un marécage, mais, des auto-ambulances françaises qui transportent à Tchatchak le matériel et le personnel des hôpitaux de Valiévo survenant, il s'en va avec elles, et quant à nous, nous repartons, pour rencontrer un peu plus tard une *méhanna* ; là, nous aurons au moins un sol plus sec qu'à l'endroit qui nous était assigné.

Ce que l'on appelle des « méhannas », ce sont de vastes hôtelleries où il y a quelquefois des chambres ; mais, le plus souvent, ce n'est qu'une grande salle où les arrivants s'entassent comme ils peuvent. Celle-ci est envahie de recrues, principalement, et tout le monde, étendu pêle-mêle par terre, dort déjà. On nous offre asile dans la cuisine, dont on nous laisse à nous seuls la jouissance, et où, près d'un bon feu, nous étendons le lit Picot et les couvertures.

Notre personnel couche dans les voitures qu'il a à surveiller. Le lendemain, il neige et il fait très froid. Après avoir traversé la chaîne des Malyen, on gagne Gornia Milanovats, où nous retrouvons le colonel et d'autres officiers. Il y a déjà des voitures à bœufs brisées, échouées sur le chemin. Quant aux automobiles, elles arrivent comme elles peuvent.

Gornia Milanovats est une sous-préfecture assez importante. Comme apparence, c'est ce que nous appellerions un gros bourg ; il y a deux rues principales où l'on remarque quelques beaux bâtiments et des maisons convenables. Une certaine abondance règne encore ici ; on peut se procurer du pain et de la viande.

Protégée par les défenses naturelles dont l'entoure la chaîne des Malyen, cette ville avait été désignée comme lieu de concentration des recrues ; et, depuis Valiévo, nous espérions que là s'arrêterait la retraite. Mais, hélas ! d'autres nouvelles surviennent : il paraît, que l'on est menacé au sud-ouest, du côté d'Outjitsé ; et la « Béjania » reprend, ayant comme nouveau but Tchatchak, plus au sud. C'est de ce côté que se dirigent aussi notre préfet, que nous venons de rencontrer, et les ambulances. Quant à nous, notre destination étant Kragouyévats, nous poussons vers l'est.

Quel dommage d'abandonner de si belles positions ! On dit que les Autrichiens sont déjà à Valiévo, que la Grèce a déclaré la guerre à la France — ce dont je doute. — Du côté de Belgrade, les Allemands avancent, et les Bulgares ont coupé la ligne à Vrania.

Le 24 octobre, nous continuons notre marche sur une route passable, à travers quelques vallonnements et une campagne plus riante. Nous rentrons dans la Choumadia. Au loin, à notre gauche, dans la chaîne des montagnes nous distinguons le Roudnik. C'est contre cet obstacle que s'est brisée, l'année dernière, l'offensive autrichienne. Cette fois l'ennemi, plus nombreux et instruit par l'expérience, a évité cette traversée impossible de la Matchva, et a emprunté la large vallée de la Morava. La force de ses effectifs lui permet de faire les sacrifices nécessaires et il tient, de Belgrade jusqu'à Mladenovats, le chemin de fer qu'il répare au fur et à mesure qu'il avance. Quelques blessés que je vois me disent qu'il y a eu une grosse bataille à Pojarevats, que l'infanterie ennemie n'est pas merveilleuse, mais qu'elle avance sous le couvert d'une artillerie effrayante à laquelle les Serbes n'ont rien à opposer.

Nous sommes forcés de nous arrêter à quelques kilomètres de Kragouyévats dont on aperçoit les lumières. Nos chevaux, qui ont marché depuis une semaine dans cette contrée dont la traversée est si fatigante, sont fourbus. Les gens s'installent sur des tables dans la salle commune d'une méhanna, au milieu de recrues qui passent la nuit à boire. Pour nous, nous obtenons moyennant payement l'usage d'une grande pièce servant de cave, où nous organisons notre coucher.

« *Dimanche 25 Octobre.* — De bonne heure nous gagnons Kragouyévats. Nous rencontrons, à l'entrée de la ville, des Anglaises de la mission Stobarts qui se prépare à évacuer ses hôpitaux.

L'état-major (la *Verkovna Commanda*), le service de santé, la press-bureau, tout a déjà quitté la ville, dont les habitants se hâtent eux aussi de partir. Nous apprenons que le chef de notre mission a suivi à Krouchévats l'état-major serbe et que nous devons nous rendre à Nich pour y organiser des hôpitaux.

On dit les Allemands à Palanka (à 10 kilomètres au nord de « mon » Ratcha), à Topola, et à Mladenovats. Ce que je trouve particulièrement grave est que les Bulgares ont pris Uskub. On est donc coupé des Français. Il serait, je crois, encore temps de déloger les Bulgares, si les Serbes, abandonnant tout autre but, les attaquaient au nord, tandis que les Français les harcèlent au sud.

Je vais à l'Arsenal, où je suis reçu par le colonel Bogidarovitch, officier de noble prestance à la physionomie digne et triste. Il m'apprend que mon auto est là, mais qu'en l'entrant au garage, on l'a abîmée : « Ce n'est pas grave, dit-il ; j'ai donné les ordres pour qu'on la répare tout de suite. » Comme je le remercie vivement, il est appelé au téléphone, écoute, répond brièvement. « C'est un aéroplane ennemi qui, de Lapovo, se dirige sur Kragouyévats, me dit-il. Déjà hier nous avons eu sa visite qui a causé des morts. Il vise l'Arsenal et s'il atteint des munitions, ce sera grave. »

Pendant qu'il m'offre le café, arrivent deux officiers anglais de la mission marine de Belgrade. Ne parlant que peu le français, ils me prient de leur servir d'interprète. Ils demandent des affûts pour de petits canons qu'ils ont pu sauver. Le colonel les conduit devant les canons autrichiens, trophées de la victoire de l'an passé. Il se tourne vers moi et, avec ce sourire particulier aux Serbes dans les heures tristes : « Malheureux de laisser tout cela ! » me dit-il....

Dans les ateliers où l'on travaille, je vois l'auto dont une fusée est brisée. Je retrouve le lieutenant Danilo qui déjà s'était occupé de moi il y a six mois. Il s'occupe de ma voiture.

Demain, je partirai emmenant un convoi de voitures, dont celle du colonel C. ; les chevaux sont très fatigués. Nous devons nous retrouver à Nich.

Nous allons rendre visite à la famille du commandant Iakobliévitch qui nous avait si bien reçus lorsque nous passâmes ici au commencement de l'année, et nous sommes de nouveau très aimablement accueillis. La maison est pleine de réfugiés de Belgrade ; il y a là la sœur et la tante de Mme Iakobliévitch qui est elle-même malade. Tout ce monde est en larmes. Une de ces dames nous raconte comment elle a perdu un fils, il y a deux ans, un autre, il y a huit mois, le troisième, ces jours-ci, — tandis que sa fille est restée dans Belgrade. Elle est peut-être morte, elle aussi, car il y a eu énormément de victimes, des femmes et des enfants tués dans les rues, par le bombardement. Quant à cette malheureuse mère et à son mari, après tant de désastres, ils restent ici. « Et, dit-elle, les Schwabes peuvent venir, cela ne me fait plus rien ! » En Serbie, actuellement, c'est la situation de bien des familles.

Je me sens plein de tristesse (non pour moi-même, ni pour les miens, car je dois dire qu'à travers toute cette retraite, nous formions, tels que nous étions organisés, un groupe qui pouvait parer aux pires épreuves), mais pour mes amis serbes, car je voyais se réaliser les événements qu'à Chabats, la carte en mains, j'avais si souvent prédits à M. Lazitch et à certains officiers.

Je leur montrais les trois passages qui seraient les seules issues d'une armée coupée de Salonique. Le premier, de Prizrend à Monastir ; mais là, il y avait, entre Lioum Koulé et Dibra, un trajet impossible aux voitures. Le deuxième, de Prizrend à Scutari ; là, tout était impraticable, entre Lioum Koulé et Scutari. Le troisième, partant d'Ipek (Petch), avait, de cette dernière ville à Andriévitsa, une partie aussi défavorable que les deux autres ; puis, de Podgoritsa à Scutari, le chemin n'existait que par fractions.

Or, maintenant, l'armée serbe est coupée de Salonique... »

VII

LA « BÉJANIA » EN AUTO

Le lundi 26 octobre, à onze heures du matin, nous sortions de l'école des Chauffeurs, dépendant de l'Arsenal. Les hommes s'étaient bien dépêchés pendant que les canons grondaient. Les hangars étaient vides. « Il était temps, me dit un ouvrier, encore vingt-quatre heures et on aurait dû la laisser là. Vous pourrez dire que votre auto est la dernière que l'on aura réparée à Kragouyévats. »

Le lieutenant Danilo, qui s'était occupé lui-même de cette réparation délicate, me conseilla fortement de ne pas prendre par Iagodina, mais de faire un détour par Kraliévo. Je me rangeai à son avis, car s'il disait la route difficile, elle devait être impossible ! « Celle de Kraliévo est mi-bonne, mi-mauvaise, ajoutait-il, mais on y passe. »

Nous partons donc, et bientôt nous rejoignons nos voitures qui s'étaient mises en mouvement dès le matin. Le défilé des « Béjanias » a recommencé, ou plutôt continue. Ce ne sont que femmes conduisant des voitures à bœufs, sur lesquelles, parmi des ballots de hardes, sont entassés les petits enfants. Les plus grands marchent, ainsi que les vieillards. Le bétail suit. On remarque aussi de nombreux blessés qui se traînent comme ils peuvent et où ils peuvent, car on ne leur a pas fixé de destination ; ils manquent de provisions ; souvent ils demandent : « Où faut-il aller ? ».

La route que tant de convois défoncent et qui déjà ne valait rien, est devenue... que dirai-je ? un adjectif me manque... Imaginez un chemin rural raviné par quinze jours de pluie et le passage de nombreux tombereaux... Ici cela dure des kilomètres. Non loin de Kragouyévats, dans une côte, je colle dans la boue, où les roues patinent littéralement. Une paire de bœufs me tire d'affaire et je repars.

Souvent je fais appel aux recrues dont la file est ininterrompue. Une dizaine d'entre eux donnent un coup de main lorsqu'une montée est trop boueuse, et ainsi nous avançons tant bien que mal. Nous rattrapons un convoi de voitures à bœufs où se trouvent quelques doctoresses et infirmières de la mission Stobarts. Elles se rendent au monastère de Stoudenitz pour y installer une ambulance.

Il faut attendre les voitures, car la confiance qu'inspirent Tchitcha, Dragomir et les autres conducteurs est très limitée. Nous campons à environ 30 kilomètres de Kragouyévats. Au bord du talus j'installe la tente pour les hommes, et nous nous logeons dans une chaumière de très pauvres paysans. Les petits enfants me prennent pour un Schwabe et se mettent à pleurer; mais cela ne dure pas, et les pauvres gens nous comblent de prévenances. Le logis se compose de deux pièces, dont une fut pour nous. Le sol est en terre battue; une table basse d'environ 20 centimètres de hauteur, trois ou quatre petits sièges semblables, à trois pieds ; au milieu de la chambre, le foyer dont la fumée s'échappe par la toiture ; dans un coin un tas de pommes de terre, la récolte de maïs pendue aux poutres... c'est tout. Le père, la mère et les quatre enfants couchent à terre sans couvertures.

Le lendemain, ils nous reconduisirent jusqu'à la route avec mille remerciements pour ce que nous leur avions laissé, et beaucoup de souhaits pour que Dieu nous protège tous. Comme nous partions, quelques blessés arrivaient, demandant du pain, puis d'autres et d'autres... Sur la route ce n'était que blessés harassés et affamés. « Demain, ou après, ce sera les Schwabes, disait l'homme d'un air triste et résigné; qu'ils volent tout !

mais qu'ils nous laissent vivre, nous et les petits ! O Bogé, Bogé ! (Dieu, Dieu !) »

Nous prenons les devants : les voitures suivront.

Il a plu dans la nuit et le sol est encore plus mauvais. Mais ce n'est pas tout ; sur une petite rivière qui coupe la route et dont la pluie a fait un torrent, le pont est enlevé. Une vingtaine de recrues sont là, qui poussent la voiture en entrant dans l'eau jusqu'aux genoux. Nous voilà passés. Distribution de « grochs » (pièces de quatre sous). Un peu plus loin, c'est encore pis. Cette fois ce sont des prisonniers autrichiens qui nous aident. L'auto a été immergée jusque par-dessus les roues.

Nous longeons la Morava dont les eaux jaunes et tranquilles sont grossies par les pluies récentes. De place en place nous remarquons de curieux petits moulins qui consistent tout simplement en des bateaux, supportant une maisonnette en planches, qui sont amarrés au rivage, et pourvus d'un côté d'une roue que le courant fait tourner Un madrier conduit de la rive au moulin.

Nous traversons la Morava sur un beau pont de bois et nous voici à Kraliévo, ville d'une certaine importance, avec de belles écoles, une préfecture, de jolies maisons et un hôtel convenable. Non loin, l'Ibar se jette dans la Morava, et la vue que l'on découvre, bornée par des sites montagnoux et boisés, est une des plus ravissantes que j'aie admirées.

Kraliévo est absolument envahi et il est impossible de trouver le moindre abri. Impossible aussi de monter la tente, car il n'y a pas de place, à moins de sortir de la ville, et il pleut tellement que la terre est détrempée.

Dans l'hôtel où ce n'est qu'avec bien des difficultés qu'on peut se faire servir un repas, je rencontre quelques camarades. Ainsi que notre chef de mission, ils viennent soit de Nich, soit de Kragouyévats, de Krouchévats, etc. Leur Béjania commence. Pour moi, voici presque quinze jours que je marche, et que je couche sur le sol humide. Je suis pris d'un violent lumbago. Je rencontre aussi un envoyé spécial du *Journal*, M. P. du Bochet, qui vient de Mitrovitsa. J'ai lu avec grand intérêt le récit de son dur voyage, dont il a si bien décrit les péripéties, du genre de celles que nous avons vécues.

Quand il se fait nuit, nous n'avons toujours pas de logement. Il ne cesse de pleuvoir et je me tiens debout avec peine.

Enfin, on nous donne asile dans une petite maison déjà occupée par de nombreuses personnes réfugiées de Belgrade ; nous nous installons dans une antichambre exiguë, bien heureux d'être au moins à couvert.

Le lendemain arrivent les camions automobiles de l'arsenal de Kragouyévats, avec le personnel ouvrier.

Arrivent aussi, bonne surprise ! Lazar et Douchane, qui ont escorté notre voiture à bœufs et finissent, après bien des recherches, par nous retrouver ici. Ils ont voyagé avec l'hôpital, dont peu à peu les voitures se brisaient, tandis que les bœufs tombaient sur le chemin. Ils sont dans un état lamentable, allant ainsi depuis dix jours, toujours à pied dans la boue, couchant sur les voitures, et n'ayant guère à manger.

Douchane va rester avec l'économe. Quant à Lazar, il se rendra à Tchatchak où il connaît des gens. Je ne l'ai plus revu ; je crois qu'il a été fait prisonnier.

« *28 Octobre.* — Nos hôtes reçoivent de nombreux amis, comme eux réfugiés. Dans cette petite chambre si pauvre d'aspect, avec des lits de fer où couchent mère, fille et fils, et un minuscule poêle où l'on fait la cuisine, c'est un spectacle à la fois bizarre et pathétique de voir réunis ces jeunes gens soignés et ces jeunes filles élégantes qui entremêlent leurs vagues projets de fuite jusqu'en France, à leurs espérances d'un grand succès et d'une déroute des ennemis. Tout le monde est gai. On dit que l'état-major de la première armée est à Topola, que les Allemands reculent, et que tout va bien.

Je suis sceptique, et tout en les écoutant chanter en buvant de nombreuses tasses de café, je prends quelques notes : sans être un stratège érudit, je pense que si les Allemands s'emparent de Kragouyévats et menacent Krouchévats où est l'état-major général, l'armée serbe à l'est de Nich va être prise entre deux feux et sera forcée de se replier pour ne pas être cernée.

J'apprends que le défilé de Bagardane est pris. C'est la porte ouverte jusqu'au cœur de la Serbie.

Pour suivre rudimentairement le dessin de cette campagne, on peut imaginer qu'avant l'attaque, l'armée serbe ressemblait à un aigle dont les ailes éployées couvraient le territoire. La tête était vers Belgrade, Smédérévo, Pojarévats ; l'aile gauche atteignait Chabats et Loznitsa, l'aile droite, la frontière roumaine, vers Orsova.

Les Allemands avaient résolument attaqué la tête, l'entamant de façon très grave à Belgrade et l'obligeant à se retirer de Smédérévo et de Pojarévats, où surtout la lutte fut dure. Pendant ce temps, des pressions se faisaient, mais plus mollement, sur l'ensemble, et tandis que les ailes tenaient encore, la tête était forcée de rentrer, entraînant aussi les ailes, qui devaient alors se replier le long du corps.

Avec l'aile gauche nous avions subi ce mouvement.

D'autre part, l'aigle était assailli sur le flanc droit dans son entier, et les combats furent terribles de ce côté. Les Serbes, qui avaient massé là une partie de leurs meilleures troupes, infligèrent aux Bulgares de sérieuses pertes : on parle de 100 000 tués ou blessés bulgares à Négotin, Zayetchar et autres endroits. Mais la frontière était longue et les Serbes peu nombreux. A l'extrême sud, les Bulgares ont saisi Uskub.

L'aigle replie ses ailes, mais la retraite est coupée.

Les belles positions sont peu à peu abandonnées, car les Allemands tournent les défilés et il faut se retirer pour n'être pas encerclés. Ce fut ainsi pour le Bagardane.

J'ai demandé de l'essence qu'on me refuse. Ce même soir, la population eut un moment d'affolement en voyant dans la nuit sombre un embrasement de toute une partie du ciel. Autour de chez nous, les enfants criaient et les gens rentraient dans les maisons en demandant si ce ne pourrait pas être un zeppelin. On disait aussi : « C'est Kragouyévats qui brûle ». Au bout de quelques minutes on apprit qu'un incendie s'était déclaré dans les magasins d'essence. Toute la réserve fut brûlée, et tant que dura l'incendie, une partie de la nuit, on fut dans l'inquiétude que le feu ne se communiquât au magasin de munitions, tout proche. Dieu merci, il n'en fut rien.

Nos provisions sont faites : 12 kilogrammes de haricots, 20 kilogrammes de pommes de terre, des pruneaux, du pain, du riz, de la viande, etc.

Le colonel J... nous donne l'ordre de nous diriger les uns et les autres sur Rachka. Nous mettons les voitures en mouvement et nous partons.

VIII

LA ROUTE DE RACHKA

La route que nous suivions était la première méritant ce nom de route, que je voyais en Serbie. Elle a été faite par des ingénieurs, et cylindrée. Elle n'était pas entretenue, mais cela est un détail. Peu importent les trous pourvu qu'il y ait au moins un fond solide. On dirait que j'ai retrouvé des ailes. Ah! si j'étais indépendant, comme je serais bientôt à Monastir, car les Bulgares ne tiennent pas encore le Katchanik, et il y a par Tétovo, Gostivar, Krouchévo et Prilep, une voie carrossable.

Le soir, nous nous arrêtons pour coucher dans un logis de paysans semblable à celui où nous avions déjà couché, l'autre jour, à Kragouyévats. Il se compose également de deux pièces; la première est sans fenêtres et sans plafond; un feu qui brûle au milieu répand une fumée qui s'échappe tant bien que mal à travers le toit mal joint; la pluie y passe aussi! Dans l'autre pièce, la « *soba* [1] », s'entasse toute la famille : la femme et un homme déjà âgé, deux petites filles, et, singulier contraste, un bébé de quelques jours dans une caisse qui est son berceau, à côté de la très vieille Baba aveugle, en train de mourir.

Dans cette chambre, il y a une sorte de poêle qui s'alimente à travers le mur de la première pièce, et le tuyau revient y répandre sa fumée.

Tout le monde dort par terre sans lit ni couvertures et, les trois petites fenêtres qui éclairent la soba étant bouchées, l'atmosphère est aussi suffocante que nauséabonde? Nous nous installons dans la pièce sans plafond. Nous préparons un dîner que nous mangeons autour de ce feu rustique, notre couvert posé sur la table haute de 0 m. 20 et nous-mêmes assis sur les petits escabeaux à trois pieds de même hauteur.

Sur une pierre un peu élevée, quelques écorces résineuses que l'on appelle « louch » sont allumées, éclairant de lueurs inégales le bizarre tableau ; à cette clarté, nos hôtes regardent curieusement nos fourchettes et tous les objets dont nous nous servons.

Pour eux-mêmes le souper se cuisine dans la cendre. C'est une moitié de courge qui, lorsque l'intérieur est amolli par la cuisson, est sans

1. *Soba*, chambre.

doute mangeable, puisque chacun y plonge sa cuiller de bois, accompagnant cela d'un peu de pain de maïs.

Après, on boit, et on nous offre le raki, ce fléau de la Serbie, dont les plus petits enfants ont leur part.

Comme nous finissons notre repas, voici qu'arrivent trois hommes de mine peu rassurante. La « *gasderitza*[1] » les regarde de travers et nous dit : « Ne dobro tchovek (ce ne sont pas de braves gens) ». En fait, ce sont des prisonniers civils avec un gardien. Ils passèrent la nuit à boire. Nous les enfermons tous ensemble dans la « soba », et nous installons pour dormir, relativement bien, dans la pièce enfumée, tandis que la pluie tombe à torrents.

Le lendemain, nous nous remettons en marche toujours sous la pluie, très gênante, d'abord parce qu'elle rendait les routes dangereuses et difficiles, puis parce qu'elle nous empêcha de jouir de la beauté du pays que nous traversions. Ce ne sont que montées et descentes le long de la vallée très étroite de l'Ibar, affluent important de la Morava. En ce moment, grossi par tous les ruisseaux qui descendent en cascades rapides le long des rochers, l'Ibar est devenu un énorme torrent aux vagues jaunes et, par ce jour d'au-

1. *Gasderitza*, maîtresse de maison.

tonne, sous cette pluie qui redouble, gronde lugubrement entre les hauteurs escarpées qui le resserrent.

Sur une des cimes se dresse la Iolenka Koula, ancien château fort turc, maintenant abandonné.

La route me réservait de fâcheuses surprises. Il n'y avait rien à dire quant aux pentes, mais qu'elle était mal entretenue ! Depuis quelques jours, plusieurs milliers de prisonniers autrichiens la...réparaient avec, de place en place, couvrant toute sa largeur pendant des kilomètres, des empierrements de cailloux non cassés, gros comme la tête. Mes « michelins » ont fait leurs preuves, Dieu merci ! eux qui n'ont pas crevé une fois durant tout mon voyage.

Dans certains endroits, c'est une jonchée d'énormes roches que les ondées torrentielles font dévaler de la montagne, ravinant aussi la chaussée. Des Autrichiens sont occupés à la reconstituer tant bien que mal. Dans un endroit où le dégât est plus grave, ils m'avertissent à l'avance et, tandis que je rase d'aussi près que possible la montagne ; ils soutiennent l'arrière de la voiture pour qu'elle passe légèrement et n'effondre pas le talus qu'ils essayent de reconstituer avec des pierres et des branchages. L'obstacle franchi, je m'arrête pour voir les restes d'un camion suspendu à des arbres brisés, sur le versant. L'accidont est arrivé hier à des chauffeurs qui ont miraculeusement échappé à la mort.

Tous les quelques mètres, un ruisseau traverse, faisant un cassis dangereux. Plus loin, ce sont deux torrents qu'il faut franchir à gué ; heureusement ils étaient peu profonds, mais l'un avait 10 mètres, l'autre 30 mètres de largeur.

Un beau pont de bois enjambe l'Ibar. Sur la route qui y passe, de nombreux éclopés viennent de Krouchévats. La plupart ont été blessés à Pojarévats et, sans provisions, harassés, ne savent où se diriger.

A partir d'ici, on commence à voir beaucoup d'automobiles. Les gros camions des Kisel-car vont à fond de train : sur une surface pareille, c'est un crime. Les autos de luxe ne manquent pas. Je remarque des 40 chevaux américaines à la jolie carrosserie beige, entièrement semblables. Elles sont toutes neuves, et les Serbes en ont un grand nombre.

Nous arrivons, à la nuit, à une méhanna qui semble vaste et confortable. Elle est déjà encombrée de ces prisonniers autrichiens qui travaillent aux routes et aussi de recrues et de voyageurs ; mais l'aspect nous tente, et d'ailleurs nous ne pourrions aller plus loin, car il faut attendre nos voitures.

Nous entrons donc et demandons une chambre.

« Nema », dit l'hôtelier. Dans la cuisine où nous pénétrons, une *tchorba* appétissante cuit sur le fourneau : « Nema nichta (il n'y a rien) », dit la vieille *gasderitza*. L'homme et la femme sont rébarbatifs et voudraient ne rien donner. Mais nous sommes habitués à de tels refus, car en ce moment, surtout devant ces invasions qui passent dans les villages, les paysans méfiants cachent soigneusement ce qu'ils ont. Enfin notre homme se décide ; il arrive avec sa chandelle, son trousseau de clés et, mystérieusement, pour que la foule qui est dans la salle ne voie pas qu'il y a autre chose, il nous conduit dans une vaste et belle chambre bien propre où il y a des lits. Mais il pose d'avance ses conditions que nous acceptons, heureux de tant de luxe, car c'est la première fois que je vais ne pas coucher par terre depuis le départ de Chabats.

Ensuite, il nous faudra arracher tout ce que nous voulons, et payer séance tenante, pour du feu, pour de l'eau, et nous fâcher pour que le vieux grognon laisse entrer nos hommes dans le corridor et nos bagages dans la chambre. Enfin, voyant que nous n'en faisons qu'à notre idée, il se résigne et nous voilà chez nous. Quelques instants après, nous nous félicitons d'avoir été les premiers à occuper la place, car de nombreuses autos arrivent et la méhanna est prise d'assaut. L'hôte va gagner beaucoup d'argent en distribuant parcimonieusement logis et nourriture. Des installations se font dans le couloir et les chauffeurs qui ne peuvent se caser, couchent dans les autos.

J'assiste à une vive altercation entre un colonel russe, qui vient d'arriver avec des autos-camions, et d'autres voyageurs qui, ayant brisé une de leurs voitures à 2 kilomètres d'ici, se sont arrangés avec un chauffeur sous les ordres de cet officier pour qu'il retourne chercher leurs bagages. Le colonel, voyant partir sans sa permission une de ses autos, invective le chauffeur, un Français. L'affaire est grave, car, ici, et en ce moment, la perte d'une voiture peut avoir des conséquences sérieuses ; aussi l'on ne plaisante pas. J'avais, en lui donnant de l'essence le matin, rendu service au colonel qui, sur mon intervention, se calme. Il cause peu de ses projets ; je comprends qu'il essaye de gagner Ipek par Novibazar, pour traverser le Monténégro.

Le lendemain matin, c'est à mon tour de n'être pas content. Les mêmes personnes que j'avais tirées d'embarras ont obtenu de Dragomir qu'il leur cède la roue de secours de ma kola, et elles l'ont emportée. Après avoir sérieusement botté Dragomir pour lui apprendre à ne pas vendre mes affaires à son profit, je lui montre mon revolver et le préviens qu'il fera connaissance avec lui, s'il recommence. Il ne faut pas rire ; ici, c'est la lutte pour la vie.

Nous nous remettons en chemin par un beau soleil.

A partir d'Ouchtsé où nous venions de coucher, la vallée de l'Ibar s'élargit un peu, devient plus accueillante ; quelques habitations s'y éparpillent.

La route bifurque ; nous traversons l'Ibar sur un pont de bois, tandis que nous laissons à droite le chemin qui mène au monastère de Stroumitsa. Inutile de dire qu'il est atroce, mais, paraît-il, lorsqu'on est arrivé au but, on ne regrette pas le voyage.

Le monastère de Stroumitsa est une fondation du roi Étienne Nemania Ier, qui mourut en 1199 moine au mont Athos. Son fils Rachka, qui donna son nom à la ville où nous nous rendons, fut moine dans ce même couvent sous le nom de Sava, et y apporta les cendres de son père. Saint Sava (car il fut ultérieurement béatifié) continua l'œuvre, que son père Étienne avait ébauchée, de constituer le clergé sur une base nationale. Il obtint du patriarche de Constantinople le droit pour la Serbie de choisir son métropolite dans la nation même. Saint Sava fut le premier archevêque serbe. Il fit monter sur le trône son frère qu'il couronna lui-même selon les cérémonies du rite orthodoxe.

La vénération qu'il sut inspirer, ajoutée à la considération que son rang de prince lui valait, le fit ranger parmi les héros de la nation serbe.

Le couvent contient deux églises. On descend à la plus ancienne par plusieurs marches : elle est petite, carrée et surmontée d'une coupole. La grande église, en forme de croix, a aussi une coupole, qui est rose. La porte d'entrée est décorée d'un relief de saint Georges à cheval. L'intérieur est entièrement revêtu de marbre blanc. A la manière serbe, les cloches sont dans une petite tour à côté de l'église.

Ce sont des Anglaises de la mission qui plus tard me donnèrent ces détails. Elles admiraient beaucoup ce monastère situé dans un paysage incomparable. Dans ses dortoirs et ses vastes salles, elles auraient pu installer un hôpital modèle,

Après une terrible montée, nous faisons halte pour déjeuner dans un site merveilleux. De chaque côté de la route, un bois de chênes au feuillage rose cuivre, une jolie prairie ondulée au fond de laquelle est une maison noire au toit pointu, et, derrière le coteau qui descend à pic et les montagnes mauves et bleues, deux bœufs paissent tranquillement. Un troupeau de jolis moutons aux longues laines et aux têtes fines broutent sur le coteau. Quelques filles et des enfants sont couchés au soleil.

On nous regarde arriver avec méfiance. Lorsque nous demandons s'il y a des œufs? « Nema ». — De l'eau? « Nema ». — Des pommes? « Nema ». Nous allumons notre feu et faisons nos préparatifs, et peu à peu l'on s'apprivoise et tout ce monde nous entoure curieusement. Une jeune fille apporte deux œufs que nous payons tout de suite. — Alors elle apporte des pommes — que nous payons aussi. — Puis on cause. Son père est mort à la guerre ainsi que ses trois frères. Une des jeunes filles n'a plus de père ni de mère ; rien qu'un frère qui vient de partir comme recrue.

Ici, comme chez tous les paysans et aussi dans le peuple des petites villes où nous venons de passer, nous remarquons une ignorance extrême de ce qui concerne la guerre. Ils ont une vague idée que les « Schwabes » sont en Serbie, mais où? ils n'en savent rien. « Est-ce que les soldats français sont avec nous, ou avec les Schwabes? » nous demandent ces femmes.

Sur la route nous remarquons que les « Béjanias » ont changé d'apparence. Ce ne sont plus des femmes, des vieillards et des enfants escortant les voitures à bœufs chargées de leur pauvre mobilier. Ceux-là ont abandonné la partie, et je vois qu'à Chabats, par exemple, M. Lazitch avait bien raison de conseiller à tous ces pauvres gens de rester sur place. En effet ils ne pouvaient espérer aller loin et généralement ne dépassaient pas la première étape. Ceux qui fuyaient Chabats s'arrêtèrent à Valiévo. Ceux de Valiévo, à Gornia Milanovats ; ceux de Milanovats à Tchatchak, etc. De toute façon ils étaient pris, et ils avaient alors perdu leur chez eux et le peu qu'ils possédaient. Ils se trouvaient donc sans abri et étaient obligés de retourner en arrière, affamés et misérables, traversant les lignes de combat où leurs bœufs étaient saisis par les soldats, et eux-mêmes, exposés aux pires misères.

Il valait donc mieux pour toutes ces pauvres femmes rester chez soi, où l'on avait au moins un toit et l'on était entouré des gens de son pays.

Il faut dire que la majorité des fuyards ne s'attendaient pas à une telle déroute et espéraient s'arrêter quelque part, mais toujours en Serbie. Pour moi, j'avais secondé le préfet, usant de mon autorité et de mon exemple pour retenir jusqu'au dernier moment la population et les malades.

A partir de Kraliévo, on ne voyait plus guère que des familles riches fuyant en voiture ou en autos, et des blessés, et des recrues. Ceux-ci s'en allaient par groupes, ou marchant en file indienne ou quelquefois tenant toute la route en se donnant le bras. Sans provisions pour la plupart, ils n'avaient pour tout bagage que la couverture multicolore qui était le dernier don des vieux parents. De temps en temps, l'un se mettait à chanter une plaintive mélopée serbe à laquelle les autres peu à peu se joignaient en chœur.

Nous arrivons le dimanche soir 30 octobre à quelques kilomètres de Rachka et nous nous arrêtons dans un café désert, dont l'étage est transformé en mairie et où le « *présenik*[1] » nous accueille avec empressement.

« *1er Novembre.* — Rachka était, jusqu'à la précédente guerre, ville frontière de la Serbie, et l'on voit encore, sur les collines en face, les anciens block-house turcs. Située au confluent de la rivière Rachka avec l'Ibar, c'est une toute petite ville, bâtie sur la presqu'île ; ses rues montent et descendent autour d'une place où se trouve l'église. Il y a ici une affluence considérable de réfugiés venant de toutes parts. On attend le prince héritier. Les ministères sont déjà là. Dans les rues, des milliers de personnes circulent, et l'on croise des officiers supérieurs, des prisonniers, des soldats.

Je retrouve des camarades qui sont arrivés par autos-camions, et leurs aventures sur ces véhicules sont curieuses à entendre conter. On ne sait où l'on va. Tout le monde est logé au

1. *Présenik*, maire.

hasard, et nul n'a d'approvisionnements. Au mess des officiers, dit-on, l'on pourra toucher un pain par jour en le payant.

Il paraît que l'on évacue Krouchévats et que l'on attend l'état-major général. Près de Krouchévats se trouve l'unique poudrerie de la Serbie. Après l'arsenal, la poudrerie va tomber aux mains de l'ennemi.

Chose plus grave encore, la farine manque. Pour obtenir du pain (noir et souvent moisi), il faut établir un bon qu'on porte à la mairie, et qui y est échangé contre un acte en bonne forme, dû à la collaboration de plusieurs clercs. Celui-ci doit être ensuite signé par le préfet. Après quoi, Tchitcha ou Dragomir n'auront plus qu'à faire la queue pendant des heures. Même histoire pour le foin et l'avoine. C'est grâce aux instructions de M. Lazitch que je m'assure ces rations essentielles.

Dans les rues, chacun étudie, carte en main, les routes possibles.

Si la voie par Uskub est fermée il reste trois issues : deux partent de Prizrend, ayant une partie commune jusqu'à Lioum Koulé. Puis l'une descend vers le sud et, par Dibra, aboutit à Monastir ; l'autre file à l'ouest et, suivant le Drin, pénètre en Albanie et mène à Scutari. La troisième, passant par Ipek, traverse les montagnes et gagne Podgoritsa, et de là Scutari. Chacune de ces routes a des parties interdites aux voitures : on ne peut les franchir qu'à pied ou à mulet.

Je rencontre le commandant de l'escadrille française qui vient d'arriver. Il a eu de grandes difficultés pour atterrir par un vent violent, dans les conditions les plus défavorables. Les avions ont tourné au-dessus de la ville et se sont posés sur une vaste prairie de l'autre côté de la Rachka. Tous les dix, en ordre parfait, — c'est très joli ! « Plusieurs fois, conte le commandant, j'ai frôlé les arbres dans des endroits élevés, et les courants contraires m'ont gêné dans les montagnes. » Il est très content. « C'est du sport, » prétend-il.

On dit les Français et les Anglais aux portes de Velès. Courage ! un petit effort et, les Bulgares bousculés, voici une porte à notre souricière.

Je décide d'aller explorer Novibazar, espérant recueillir sur place quelques renseignements sur les itinéraires possibles, car ici personne ne sait rien.

La route est des plus pittoresques ; elle suit la Rachka jusqu'à Novibazar ; mais elle est déplorable ! Des prisonniers y travaillent, langoureusement gardés par des soldats du troisième ban. « Comment voulez-vous qu'ils fassent rien de bon? me dit l'un de ceux-ci, ils n'ont pas de pain, et nous non plus. » Le pauvre vieux est appuyé sur son fusil, les yeux vitreux et le visage hagard.

Nous dépassons une longue file de marins russes bien armés et bien approvisionnés. Ils marchaient gaillardement, mais ne savaient pas où ils allaient après Novibazar. Parmi eux était un homme que j'avais soigné à Chabats.

Un premier torrent se présente. Il est large et l'eau passe en écume, mais il est peu profond. Si le fond était solide, ce ne serait rien, mais on enfonce dans le sable et c'est avec peine que dix hommes nous en sortent.

Un deuxième est large de 40 mètres et plus profond. Des Albanais y construisent un pont ; il est bien temps ! D'ailleurs il n'est pas fini, et il faut qu'une dizaine de ces hommes se mettent à l'eau résolument pour m'empêcher de m'enliser.

Novibazar se trouve dans un creux entouré de collines. Sur l'une d'elles s'élève une vieille forteresse ; sur une autre, de grandes casernes turques. La Rachka serpente dans la ville, traversée par de nombreux ponts rustiques à dos d'âne. La ville, essentiellement turque, a des rues pavées, bordées d'échoppes qu'abritent des arcades en bois pittoresquement recouvertes de tuiles.

Les maisons aux fenêtres grillagées, les minarets qui dressent de place en place leurs blanches *djamines*, les femmes qui circulent furtivement sous les arcades, soigneusement cachées par leur *tchanak* noir, les hommes coiffés du fez, les Albanais au crâne rasé, sauf la mèche qui dépasse de la calotte blanche, et aux culottes brodées de passementeries noires, les petites filles aux larges pantalons bouffants, tout cela fait un spectacle plein d'orientalisme.

J'étais venu aux renseignements ; ceux que je recueille sont peu satisfaisants.

La route de Mitrovitsa est carrossable, mais plus mauvaise que celle qui part de Rachka et suit la vallée de l'Ibar. Quant à celles qui traversent le Sandjak, ce sont de simples pistes.

Au retour, repassant dans les torrents, je trouve dans l'un d'eux un camion ensablé. Il me fallut m'aventurer, dans l'endroit le plus profond. Les chauffeurs, tranquillement attablés sur l'autre bord, buvaient du raki et du café, et ne se souciaient nullement de leur voiture.

Nous avons fait cuire des haricots avec un petit morceau de lard, et, comme Tchitcha et Dragomir venaient d'en recevoir leur part, des officiers et des civils de bonne apparence, des « *Gospodine*[1] », dit Tchitcha, dont les voitures s'arrêtaient pensant trouver un café pour se restaurer, les suppliaient de leur en vendre un peu. Mais dans certains moments, une assiettée de haricots n'a pas de prix et nos hommes l'ont préférée aux dinars.

Le colonel J. me donne l'ordre de loger à Rachka, mais il n'y a pas la moindre place. Un beau pont en pierres est jeté sur l'Ibar. Je décide de camper de l'autre côté ; au moins si le pont saute, nous ne serons pas coupés.

Nous découvrons une maison dont les volets sont clos. Nous enfonçons la porte et nous nous installons ; c'est une forge abandonnée. Au milieu des soufflets, des enclumes, sur la terre noire, mais sèche, nous déplions le lit Picot et les couvertures ; et voilà, tant bien que mal, un nouveau « home » en attendant le départ.

Les missions anglaises arrivent. Il a fallu abandonner le monastère de Stoudenitsa. Les Autrichiens avancent par Tchatchak en suivant une vallée parallèle à l'Ibar. Les Allemands viennent de Krouchévats. Les stocks s'épuisent, on n'obtient du pain qu'avec d'énormes difficultés. Quel dommage que tout ait été perdu à Belgrade, à Kotseliévo, à Pojarévats !

1. *Gospodine*, messieurs.

J'obtiens à prix d'or un sac de blé chez une femme qui en a une petite réserve. On ne donne plus d'avoine pour les chevaux. Le foin aussi devient rare.

Tout autour de nous, des campements se sont établis au bord de l'Ibar ; les gens couchent dans les voitures. Le soir, tant de lumières donnent l'impression d'une grande ville. Au loin, de tous côtés, des feux s'allument dans le campement des prisonniers.

Je fais la connaissance du général Iankovitch, le conquérant de Prizrend et de l'Albanie, un beau vieillard à la figure énergique sous ses cheveux blancs, à la mine fière et noble. Patriote de la vieille école, héros de la guerre turque, il a commandé en chef les troupes du Monténégro, et il nourrit le rêve de voir un jour la « Plus Grande Serbie ». Au physique comme au moral il représente le guerrier serbe, aimant par-dessus tout son pays.

Nous causâmes de la situation, mais je présume qu'il ne serait pas à propos de répéter ses paroles. Je dirai seulement que ses opinions n'étaient pas toujours les miennes.... »

« *4 Novembre.* — Il me semble évident que, vu la nature impraticable des autres chemins, un seul but s'impose : dégager la voie ferrée de

Mitrovitsa à Uskub, et donner la main aux Français qui sont à la porte, pour ainsi dire, mais en trop petit nombre. Une descente en force, des Serbes, de Mitrovitsa à Uskub, obligerait les Bulgares à évacuer cette ville et dégagerait toute une population qui crie déjà famine.

Malheureusement, des troupes serbes sont encore aujourd'hui à l'est de Nich, essayant en vain de contenir les Bulgares ; et les Allemands les encerclent par derrière. »

« *Vendredi 5 Novembre.* — Alexandre, mon gendarme de Chabats, arrive, pour rejoindre M. Lazitch. Je rencontre M. Pachitch, vieillard au dos voûté, à la barbe blanche. Il se promène de long en large devant l'atelier où nous avons élu domicile.

Une Berliot de l'aviation a été brûlée hier sur la route. Elle était en panne lorsqu'un Serbe bien intentionné, s'étant approché avec une chandelle pour regarder la cause de la panne, y a mis le feu. Il n'en reste rien.

Je reçois l'ordre de me diriger sur Mitrovitsa où nous devons organiser des ambulances.

Le Dr Jovanovitch, dont nous occupions la jolie maison à Chabats, a passé avec sa famille la nuit dans sa voiture près de notre forge. Au moment où nous allons partir, Tchitcha et

Dragomir le reconnaissent par hasard et nous désignent l'un à l'autre. Il nous demande de lui abandonner notre logis, ce que nous faisons avec grand plaisir et, ma foi, nous plaisantons ensemble de l'échange que nous aurons fait en nous cédant à tour de rôle un toit. »

IX

HEURES D'ÉPREUVES

Il était temps de partir ; ce matin je n'ai pu avoir de pain pour les hommes, ni d'avoine pour les chevaux. Heureusement j'ai des réserves.

Le pain noir d'un kilogramme coûte 2 dinars ; le porc, 5 dinars le kilogramme ; un porcelet, qui d'habitude coûte 5 dinars, en vaut maintenant 25 ; une poule, 11 dinars. Le foin, 4 sous le kilo ; l'avoine (si l'on peut en avoir), 0 fr. 50 le kilo. La plupart des gens vivent de pommes et de noix. On voit les soldats se contenter d'un oignon ou d'un poireau. Ils mangent aussi des choux, crus naturellement, car ils n'ont généralement pas d'installation pour faire cuire.

La route que nous suivons a été ébauchée par les Serbes, en un mois, lors de la guerre turque, il y a trois ans. Elle suit le cours de l'Ibar et la première partie, qui a été nivelée et cylindrée par un entrepreneur, est bonne.

Mais cela ne dure pas.

Au bout de 10 kilomètres, on retrouve des équipes de prisonniers répandant, en larges empierrements, d'énormes pierres non cassées. Pauvres pneus Michelin ! Ils résistent vaillamment.

La vallée se rétrécit deux fois en défilés abrupts, et je me souviens d'un tableau que j'ai vu souvent dans des maisons serbes, représentant des Béjanias à travers les montagnes. Sur cette route étroite, si étroite que des Autrichiens l'élargissent à la mine (ils me disent qu'elle n'avait pas plus d'un mètre par endroits, il y a huit jours), une longue procession défile ; plusieurs voitures à bœufs, des charrettes où sont assis des femmes enveloppées de fourrures et des enfants; des hommes à pied et à cheval, parmi lesquels un pope à la longue redingote à revers rouges, tout cela chemine lentement en file indienne, et l'on ne peut devancer personne.

De nombreux ruisseaux, voire même de petites rivières traversent le chemin. On y est habitué et l'on passe! Cependant, à environ 25 kilomètres de Rachka, je m'arrête devant l'une d'elles qui me paraît suspecte. Elle n'est pas large, mais elle est profonde, et le bord est escarpé et glissant. J'attends mes voitures. Dragomir arrête ses bœufs, les attache à l'auto et, le moteur aidant, nous allons franchir l'obstacle. Mais hélas ! ce que je redoutais arrive. Au milieu de la rivière, l'eau est si haute qu'elle monte par-dessus mes souliers, allant presque jusqu'au siège, inondant la magnéto ; et le moteur s'arrête. Il fallut l'aide d'une demi-douzaine d'hommes, en plus des bœufs, pour nous sortir de ce maudit torrent. Ensuite j'eus beau faire, le moteur resta muet et il n'y eut plus qu'à camper là. Heureusement l'endroit était propice.

Un arbre séculaire, à moitié creux, étendait ses branches sur une jolie pelouse ; les hommes dressèrent la tente, allumèrent un feu et, tandis que nous dinions, nous assistâmes à un défilé ininterrompu de voitures et de piétons. Ceux-ci passaient sur une simple branche d'arbre jetée en travers. C'était un peu périlleux et l'on s'aidait d'un bâton que l'on rejetait aux camarades une fois que l'on était arrivé. Un homme tomba et vint se sécher à notre feu, maudissant la rivière malencontreuse. Les charrettes s'en tiraient assez bien ; on fouettait les chevaux énergiquement et, faisant un vigoureux effort, ils atteignaient la berge. Pauvres bêtes ! combien de fois, dans de pareils cas, les ai-je vus fournir un effort démesuré qui, trop souvent répété, causait leur mort, en si grand nombre, tout à coup sur la route ! Quant aux voitures à bœufs, seul système de locomotion pratique en Serbie, elles entraient et ressortaient sans trop de peine ni de dommage.

Mais les autos ! un camion resta une heure et demie dans l'eau. Et, lorsque le matin arriva, ce fut une série de scènes qui eussent été comiques, si nous n'avions pas été dans l'embarras. Les gros camions passaient avec peine, mais passaient. Leur moteur était puissant ; leur magnéto, haut placée, ne se mouillait pas. Quant aux voitures de luxe, toutes eurent recours aux bœufs. L'une d'elles, qui transportait le colonel Gentchitch et d'autres officiers supérieurs serbes, resta dans l'eau plus d'une heure. Il fallut quatre bœufs, dont les deux miens, et, tandis que le chauffeur et mes hommes harcelaient les pauvres bêtes, criant, tapant, jurant, ces hautes et dignes personnalités, s'aidant de bâtons et de la main des prisonniers qui se mettaient vaillamment à l'eau, se risquaient sur la branche périlleuse en prenant mille précautions pour ne pas tomber.

Pendant que Dragomir profitait de notre immobilisation pour aller faire moudre notre blé dans un moulin qu'alimentait ce fâcheux torrent, un chauffeur serbe, qui s'était arrêté, essayait de sécher la magnéto ; mais il laissa tomber le charbon au fond du tablier, et alors tout espoir fut perdu, car il ne fallait pas compter démonter ainsi en plein air, pour retrouver cette petite pièce délicate. Il fallut se résoudre à l'humiliation de se faire traîner par des bœufs.

A une halte nous fûmes rejoints par un convoi de voitures chargées d'officiers serbes blessés. Ils venaient de Vrentsé, station thermale à côté de Krouchévats, où ils avaient été soignés, avec un grand nombre de leurs camarades, par le docteur Berry, médecin anglais qui s'est admirablement dévoué pour les Serbes et dont ils disent tous le plus grand bien. La plupart étaient restés, mais quelques-uns avaient préféré essayer de fuir et, ayant acheté des bœufs et des voitures, avaient pris le chemin, très dur, paraît-il, qui passe par les montagnes. Depuis onze jours, me dirent-ils, ils souffraient beaucoup de leurs blessures, dans ces voitures dont les cahots leur causaient une véritable agonie. Je pus soulager quelques-uns d'entre eux. Avec eux voyageaient trois dames, la femme et les filles d'un ingénieur de leurs amis, qui était aux armées.

Certes notre allure nous permettait de jouir du paysage ! En traversant une de ces rivières qui barrent la route, on ne les comptait plus ! mes bœufs cassent leur joug. Heureusement les officiers en ont un de rechange et me le prêtent.

A chaque montée, je dois descendre et, tout en dirigeant la voiture, la pousser, en me faisant aider par Militza et Vlada ; car les bœufs qui ici sont de petite taille, n'avaient pas la force voulue. Quand arrivait une descente, il me fallait reprendre mon siège rapidement, et serrer le frein pour que l'auto n'écrasât pas les bêtes. Ce manège fut incessant, la route n'étant que petites montées et petites descentes.

Le soir, nous campons sous la tente, tandis que nos compagnons de route s'installent dans une de ces cambuses que l'on appelle un « *han* ». Car ici, le nom a changé. Nous sommes dans la nouvelle Serbie, et une « méhanna » est un véritable palais à côté d'un « han ». Extérieurement, c'est une bâtisse rudimentaire dont les murs, faits de branchages reliés entre eux par de la boue, reposent sur un socle de pierres brutes. Le toit est en chaume retenu par de grosses branches. A l'intérieur, deux pièces, dont l'une pour les bêtes, l'autre pour les gens. Il y a un poêle, et tout le monde couche pêle-mêle sur la paille.

Il fait froid. En nous réveillant le matin, nous constatons la disparition de notre conducteur qui a emmené les bœufs et les cordes.

Il me fallut aller trouver le maire du village, qui me donna un nouvel attelage, et nous reprîmes notre marche lente. Nous croisons un très long convoi de petites voitures chargées de farine qui vont à Rachka. Les conducteurs sont des Albanais sous la conduite de quelques soldats serbes. Ils font une pittoresque procession avec leurs guenilles aux couleurs bizarres ; l'un d'entre eux est entièrement vêtu de rouge ; quelques-uns ont le costume albanais blanc avec les passementeries noires, et portent la calotte blanche ; d'autres ont la tête enveloppée d'écharpes roulées comme des turbans.

L'Ibar coule entre des collines rocheuses. De place en place, on voit au loin quelques maisons accrochées au flanc de la montagne. Leur toit en chaume, leurs murs en panier, les font ressembler à des ruches d'abeilles. La pauvreté est extrême. Pas de mobilier ; le sol est du terreau ; les maisons les plus riches ont un socle de pierre et des murs faits de branches entrelacées dont les interstices sont remplis avec du torchis.

Le panorama est aride, mais beau.

Je m'imagine dans quelques années la jeunesse serbe parcourant en une journée la vallée de l'Ibar, à titre d'excursion. Le vieux père, assis à l'arrière de l'auto, raconte à sa progéniture les difficultés qu'il a eues jadis dans ces mêmes parages, lors de la Béjania de 1915. Mais le jeune homme sourit un peu incrédule tandis qu'il file sur une bonne route, à 55 à l'heure.

A environ 15 kilomètres avant Mitrovitsa, on traverse trois villages : Serbovats, Grabovats, et Pétrovats. Ces villages sont très curieux. Ils sont perchés sur le flanc des collines. Les maisons sont telles que je viens de les décrire ; quelques-unes sont plus confortables et l'intérieur est mieux meublé. Les femmes sont extrêmement pittoresques avec leurs cheveux noirs tombant en franges sur le front, et les pièces d'or qui pendent de chaque côté de la figure. Leur habillement se compose d'une chemise blanche qui descend jusqu'à la cheville, au-dessus de laquelle elle est légèrement fendue sur le côté. La partie supérieure de la chemise est ornée de broderies, et la taille est maintenue par une sorte de ceinture-corselet en cuivre martelé; autour des hanches une large écharpe aux rayures multicolores surmonte une basque noire plissée, haute de 0m.20 environ. Ces femmes arnautes sont généralement fortes et beaucoup sont belles avec de grands yeux noirs et brillants. Les hommes portent le costume albanais.

Impossible d'acheter ici aucune nourriture.

A Serbovats, nous traversons à gué une petite rivière, de l'autre côté de laquelle une Berliet de l'aviation est en panne. Une pierre qu'elle a heurté a faussé la direction.

Vers la tombée de la nuit, nous sommes rejoints par des soldats de la garde, qui, voyant que j'ai un fusil, me disent de le charger; l'endroit, paraît-il, n'est pas très sûr; il vaut mieux marcher en bandes et ne pas camper dans les villages.

En passant, nous voyons une Darracq abandonnée ; son changement de vitesse est brisé. Cela n'a rien d'étonnant, vu la désinvolture avec laquelle les chauffeurs leur font franchir les obstacles !

L'Ibar fait une grande courbe, la boue devient tout à fait incommode.

Nous sommes en vue de Mitrovitsa, lorsque voici un nouvel incident. Au milieu d'une rivière qui barre la route, un gros camion venant de Rachka comme nous, et amenant de la farine à Mitrovitsa, est immobilisé par manque d'essence. Derrière, toute une série de voitures. Je donne cinq litres d'essence ; cela ne suffit pas, car le réservoir est trop grand. C'est tout ce que j'ai. On envoie un homme en chercher à Mitrovitsa, mais en attendant, je voudrais bien passer. La forte inclinaison de la voiture empêche l'essence d'arriver au carburateur. Je la fais repousser complètement dans le torrent. L'essence arrive ; on tourne la manivelle, le moteur fonctionne. J'ai dit à tous les hommes de se mettre à pousser au moment convenu et de faire un effort jusqu'au sommet. Mais, à peine sortis du torrent, tout le monde s'arrête, et la voilà de nouveau bloquée. C'en est assez cependant pour m'avoir fait place et nous gagnons Mitrovitsa en une heure, après avoir franchi un long pont de bois sur la rivière Sienitsa qui se jette ici dans l'Ibar.

Il fait nuit. Impossible de trouver un gîte, tout est bondé. Enfin nous obtenons un tout petit coin pour nous caser dans la salle de l'hôtel du Tsar Douchane, hôtel qui se comparerait avec désavantage à une de nos auberges de village. C'est cependant un abri.

Le lendemain, nous avons la chance de rencontrer nos compagnons de route de la veille. Les dames S., qui sont logées dans une maison turque, nous offrent une chambre qui y reste libre. C'est un tout petit réduit sans feu, mais au moins on y est chez soi. Une cour attenant à la maison reçoit les chevaux que l'on met à couvert sous la tente, car il pleut.

A Mitrovitsa, je retrouve le lieutenant Danilo. Il a installé son atelier dans une échoppe turque : une forge portative, quelques outils, voilà tout ce qui reste de la magnifique usine de Kragouyévats. Je lui amène ma voiture et lui explique ce qui est arrivé. Il s'y intéresse aimablement, fait le nécessaire et, deux heures après, j'ai la satisfaction d'entendre de nouveau ronfler mon moteur.

Mitrovitsa est une grande ville turque dont les deux rues principales se croisent à angle droit. Celle par laquelle nous sommes arrivés continue sur Ipek ; l'autre vient de Novibazar et, par Prichtina, se dirige sur Uskub.

Dans les rues étroites et mal pavées que des

caniveaux traversent, nous retrouvons les échoppes. Un petit canal serpente à travers la ville. Quelques belles et importantes maisons turques, entourées de murs épais fermés de lourdes portes. Dans la partie élevée de la ville, de beaux bâtiments de casernes turques abritent en ce moment des soldats et des blessés. L'ancien palais du gouverneur est occupé par les administrations. D'un jardin qui l'entoure, on découvre la ville où règne une animation intense et dont les minarets dressent leurs blanches et gracieuses silhouettes, l'Ibar et son affluent, la Sienitsa, qui vient de la plaine de Kossovo, et, sur une colline aride et escarpée, les restes d'un vieux château fort.

La gare de Mitrovitsa est en dehors et distante de la ville d'au moins 1 500 mètres.

Je trouve dans une rue un rassemblement d'autos-camions. Sous chacune d'elles un chauffeur examine l'intérieur du moteur. Pauvres autos ! Ici, c'est leur calvaire !

Dans les quelques hôtels de la ville, une affluence extraordinaire de réfugiés, d'officiers, de membres du gouvernement et des ministères, se presse, se dispute la place, s'efforce d'obtenir à des prix fabuleux une nourriture rare et peu appétissante. On ne donne pas de pain ; chacun doit apporter son morceau, dont on remporte soigneusement ce qui reste ! Cependant, lorsqu'on a conquis une portion de choux mal cuits, violemment assaisonnés de paprika et où nage un morceau de bœuf, on a presque honte de la manger sous les yeux de misérables soldats qui, collés à la porte, couchés sur le trottoir, nous regardent anxieusement pour voir si l'on ne va pas oublier le morceau de pain noir que l'on n'a pas fini !

La pénurie de petite monnaie est telle que l'on consigne en paiement un « bank », billet de 10 dinars, et que l'on revient chez le marchand tant que le crédit n'est pas entièrement épuisé.

Pendant trois jours, je ne peux absolument rien acheter ; je dois emprunter 1 groch (4 sous) à Dragomir.

Un assez grave accident arrive à un tracteur de l'aviation qui a dégringolé dans l'Ibar à 6 kilomètres d'ici ; trois blessés, dont une dame, assez grièvement.

Ce tracteur n'est pas à sa première aventure : en traversant la Morava sur un ponton, il avait fait couler deux barques et était allé au fond. On l'a repêché, et, cette fois encore, on va essayer de le retirer de là.

Nous rencontrons des membres de la mission Stobarts. A Rachka, une de leurs infirmières a reçu dans le poumon la balle égarée d'un soldat serbe qui se querellait avec un camarade. Son état est grave, et elle est restée là-bas avec une doctoresse et une infirmière ; le contretemps est d'autant plus pénible que les Allemands menacent déjà Novibazar et Rachka. — Le cercle se resserre.

Un groupe de marins anglais se dirige sur Monastir. S'ils peuvent, ils vont prendre le train qui va jusqu'au Katchanik, à 15 kilomètres d'Uskub. De là, par Gostivar et Prilep, ils gagneront peut-être Monastir. Mais cela est incertain. Le bruit court en effet que le train ne va déjà plus que jusqu'à Ferizovitch.

Si on laisse les Bulgares occuper le Katchanik, adieu tout espoir de les déloger ! Une poignée d'hommes et une mitrailleuse tiendraient en respect tout un régiment dans ces défilés aux roches escarpées.

On dit que le détachement russe qui, par Novibazar, avait essayé de gagner le Monténégro, va revenir. La région est infestée d'agents austro-boches mêlés aux Arnautes.

Je suis heureux de voir l'économe rejoindre avec ce qui reste de mon hôpital de Chabats. Il n'a plus que quatre voitures. La vache a été volée une nuit dans un campement ; mais il a toujours tous les instruments, le microscope et le coffre-fort. J'aurais vite fait, si les circonstances me le permettaient, de reconstituer mon hôpital ; il n'y a plus guère d'instruments de chirurgie à part ceux-ci ! Il s'installe près de notre maison. Il a encore tout son monde : Douchane, Rouja, Nata, et le père de cette dernière, un grand vieillard monténégrin. Si l'on ne peut rester à Mitrovitsa, ils gagneront Ipek et se réfugieront dans les montagnes, dans la maison de Nata.

« *11 Novembre.* — Tout l'état-major est arrivé et s'installe à quelque distance d'ici, à Voutchitern. Les événements montrent qu'une fois de plus les destinées de la Serbie vont se jouer dans la plaine de Kossovo que traverse la ligne de Mitrovitsa à Uskub. Je fais enlever l'arrière de mon auto. Elle ne sera pas très élégante, mais, allégée, elle pourra franchir plus facilement les rivières que l'on ne peut éviter. Nous avons reçu l'ordre de partir, les uns, par le train jusqu'à Lipliane, les autres avec leurs véhicules. Ensuite, on doit se diriger sur Prizrend. »

X

LA PLAINE DE KOSSOVO

Nous quittons Mitrovitsa par une pluie fine et froide. Bientôt nous nous trouvons sur un terrain boueux et défoncé où les automobiles dérapent et où je collerais certainement, si je n'avais allégé ma voiture. Je rencontre plusieurs autos qui patinent sur place et ne peuvent avancer. Un camion se fait traîner par deux bœufs, qui aident au moteur. Les chevaux peinent ; aux plus légères montées, leurs efforts font mal à voir.

Une longue procession de recrues. Des officiers blessés. Des policiers à l'habit bleu et à la casquette bordée de rouge. Pas de femmes, ou fort peu. Tout cela sillonne la longue route qui se déroule dans la plaine historique que les « *pesmos*[1] » appellent : Amsel, et dont l'autre nom est célèbre : Kossovo.

A travers cette région en friche, dont l'aspect,

1. *Pesmos*, chansons, poèmes.

par ce jour d'automne, est lugubre et désolé — dans ces lieux témoins de la chute de l'empire serbe en 1389 — nous nous hâtons, et nous essayons d'échapper à l'encerclement qui nous menace.

Les nouvelles sont rares : on dit que la moitié du défilé de Katchanik est aux Serbes, l'autre aux Bulgares. Qui l'emportera?

Le seul chemin qui reste ouvert devant nous longe la voie ferrée et, à Lipliane, se rapproche périlleusement des lignes ennemies. Si l'avance des Bulgares se poursuit rapidement avant que nous ayons dépassé Lipliane, l'issue nous est fermée, tout espoir perdu. Il s'agit donc de boucler la boucle. Au delà de Lipliane, nous continuerons en sécurité relative jusqu'à Prizrend.

Nous coupons la ligne de chemin de fer. Ensuite nous franchissons la rivière sur un vieux pont turc très curieux : il se compose de nombreuses arches à la forme ogivale, et le tablier suit la sinuosité des arches, montant et descendant à chacune, à la manière des montagnes russes.

Nous parvenons ensuite à Voutchitern, ville turque, où cependant en ce moment l'élément serbe submerge tout. Les rues sont grouillantes de monde, surtout de soldats et de prisonniers. Ici je vois, pour la deuxième fois en Serbie, un prisonnier allemand au casque à pointe. Il erre dans les rues, apparemment libre. Au sortir de la ville, il y a un gros campement de prisonniers autrichiens. Ils sont affamés et exténués ; c'est un mauvais service que leurs compatriotes leur ont rendu d'envahir ce pays où ils étaient si tranquilles. Ils se dirigent vers Prizrend, et, de là, vont essayer d'arranger la piste entre Lioum Koulé et Dibra. Il est bien temps ! Je rencontre à Voutchitern le commandant P., accompagné du lieutenant B. Ils sont attachés à l'état-major. Je rencontre aussi le colonel Gentchitch, chef du service de santé et beaucoup d'autres officiers supérieurs.

C'est à Voutchitern que je fis une faute qui eut de graves conséquences pour mes chevaux. J'aurais dû comprendre qu'une courte étape dans des conditions pareilles était tout ce que pouvaient fournir ces pauvres bêtes, et m'arrêter. Mais je savais que mes camarades, partis de Mitrovitsa par le train, devaient être bientôt à Lipliane, tout près de Prichtina. Cette dernière ville n'était d'ailleurs, paraît-il, qu'à 15 kilomètres de Voutchitern ; je voulus y arriver.

Nous continuâmes donc. La vallée s'élargit, et nous sommes ici dans une vaste plaine, qui serait riche sans doute si elle était cultivée ? La route, réparée avec du sable dont les tas non répandus font d'innombrables bosses, est molle et glissante. Toute allure un peu rapide est impossible. Nous croisons un long convoi de canons lourds traînés par seize bœufs ; ce sont des pièces capturées aux Autrichiens lors de la campagne de 1914.

Nous rencontrons le commandant X. et le capitaine B. Ils étaient à Topola. Ils ont reçu l'ordre de gagner Mitrovitsa. J'essaye de leur faire rebrousser chemin, sachant que toute la mission est déjà au moins à Lipliano.

Mais, dans l'incertitude, ils continuent jusqu'à Voutchitern où ils recevront les instructions du commandant P.

Ils viennent de Prokouplié et me disent que les Allemands avancent à marches forcées sur Prichtina. Y serons-nous à temps ?

Nous croisons aussi de nombreux fuyards qui vont sur Mitrovitsa. Ceci inquiète Dragomir et Tchitcha, et, en effet, où se dirigent-ils ? Est-ce nous qui allons vers le front bulgare ? Dans ce malheureux pays, le front est au nord, au sud, et à l'est. Au fur et à mesure que l'encerclement se resserre, les populations affolées, ne voyant que le danger immédiat, fuient sans réfléchir qu'elles courent au-devant d'un nouveau danger. Au péril de l'invasion qui se rapproche, s'ajoute, hélas ! grandissant chaque jour, le spectre de la famine. Où aller ? demandent de pauvres gens qui redoutent dans leurs villages les incursions des Arnautes, plus hardis quand ils se sentiront appuyés par les ennemis des Serbes.

Pour nous, il n'y a pas d'hésitation : il faut aller devant nous, mais la route s'allonge, semble-t-il. Les quinze kilomètres dont on nous a parlé, en sont en réalité vingt-cinq. Pas de villages, sinon quelques rares agglomérations arnautes qu'il vaut mieux éviter.

La nuit tombante nous trouve à Prichtina, mais les voitures sont bien loin en arrière, et je comprend, hélas ! trop tard, que j'ai imposé une trop dure étape aux chevaux, qui, à Mitrovitsa, ont déjà souffert du manque d'une bonne écurie, et qui, pour remplacer l'avoine, n'ont eu qu'une insuffisante ration de foin.

Ils arrivent tard dans la nuit. Il a été impossible d'avoir, pour eux, même du foin. Après leur longue et harassante journée, ils ont passé la nuit sans nourriture.

A Prichtina, il y a autant de monde qu'un jour de marché.

L'auto ne peut avancer qu'à tour de roue ; le trajet semble interminable jusqu'à la place principale où est l'ancien palais du gouvernement turc, siège actuel d'un état-major.

Inutile de dire que tout est plein, soit dans les hôtels, soit dans les maisons. On se demande même où cette foule compacte qui circule encore dans les rues va se caser.

Le préfet, très aimablement, met à ma disposition son bureau où de bons fauteuils nous fournissent un coucher luxueux, et où nous sommes chez nous jusqu'au lendemain matin sept heures. On attend le roi ce soir à Prichtina.

Dans un hôtel où la table d'hôte est installée dans la cuisine (car le reste est réquisitionné), le propriétaire, un Serbe qui a vécu quinze ans en Amérique et parle bien l'anglais, me dit que son fils, interprète près d'une mission américaine, est parti avec un convoi de médecins, ce jour même, en auto, pour Monastir.

La route carrossable qui passe à Ferizovitch descend presque au Katchanik et, par Tétovo, Gostivar et Prilep, gagne Monastir. Ceci me donne espoir. Si peu que l'on puisse dégager le Katchanik, si même les choses restent stationnaires, je peux encore espérer sauver mon auto, à la condition que nous ne serons pas contraints d'affronter les montagnes.

Je rencontre le commandant V. et le lieutenant B. qui étaient chargés d'une ambulance, naturellement dissoute.

Ils étaient à Varna lors de l'attaque. Le premier avertissement qu'ils ont eu fut de voir galoper sous leurs fenêtres, pendant qu'ils déjeunaient, un détachement de cavalerie bulgare qui traversa et retraversa la ville.

Dès le matin l'encombrement est pire encore que la veille. Toute la nuit, des réfugiés sont survenus. Le cercle se resserre de plus en plus. Tous les évacués de Nich, de Prokouplié, d'Alexinats, de tout le centre en un mot, se rejoignent ici à ceux du nord, et de l'ouest qui sont descendus par Rachka. Tout ce monde se prépare d'ailleurs à gagner Prizrend, où l'on attendra les événements. On espère encore, car l'armée, paraît-il, va arriver et tenter un coup suprême pour s'emparer du Katchanik. Pourquoi n'a-t-il pas été occupé dès le début? Je connais ces défilés : le premier qui les tient, les garde, si réduite que soit sa force. Les Bulgares y sont déjà en grand nombre, et nous n'avons pas de munitions... Quant au pain, c'est le manque total, nous en savons quelque chose. A Prichtina, même avec les méthodes qui m'ont servi jusqu'alors, je ne peux en obtenir. Dieu merci, nous avons nos réserves. Mais les chevaux n'ont rien à manger.

Prichtina est une grande ville turque. Sur la place principale, le palais du gouvernement est voisin d'une belle mosquée. C'est à Prichtina qu'avant les événements actuels, on trouvait encore les plus belles étoffes tissées et les anciennos broderies serbes. Dans le bazar aux échoppes basses, grouille une population affamée, aux aguets de la moindre nourriture, qui est enlevée aussitôt. On ne peut rien se procurer sans argent monnayé.

Au sortir de la ville, je trouve une ambulance sous les ordres d'un officier français qui me rend l'immense service de donner un peu de foin à mes pauvres chevaux ; ils le dévorent littéralement.

Nous gagnons Lipliane, misérable village miturc, mi-arnaute, où, dans un café malpropre, les fugitifs se disputent quelques assiettées de haricots.

Avant la nuit, nous parvenons à Stimlia, gros village que domine une jolie église, et dont la principale curiosité est une petite rivière qui le traverse et coule, pour ainsi dire, là où devrait être la rue principale. La population est composée en partie de Serbes, en partie d'Arnautes. Ceux-ci sont le plus grand nombre. Les habitations, comprenant généralement plusieurs bâtisses où logent divers groupes de la même famille, sont entourées d'un « *stokade* » fait solidement de piquets et de branches entrelacées. Une forte porte cochère donne accès dans la cour, autour de laquelle les maisons et hébergeages sont groupés, faisant une deuxième enceinte.

Le maire me dit que la mission française est passée ce matin, et nous conduit au gîte qu'il nous a choisi. Pour y accéder on doit franchir, en trois endroits, la rivière à gué, exercice peu agréable d'autant plus qu'il fait très froid. Il faut naturellement renoncer à emmener l'auto qui restera, ainsi que les voitures, sous la surveillance de nos hommes, près du domicile du maire.

Très tard nos voitures arrivent ; Tchitcha avec le fiacre est le premier ; il me dit que les chevaux de Dragomir sont très fatigués. Et, lorsque ceux-ci rejoignent, je vois en effet qu'ils sont à bout. Ils ne pourront évidemment pas, demain, faire l'étape nécessaire.

Les paysans, chez qui nous sommes logés, sont des Serbes. Ils me disent être submergés par l'élément albanais qui possède ici deux fois autant de terres que les Serbes.

Les femmes portent le costume albanais, chemise blanche, basque plissée et ceinture de métal. Leur coiffure, des plus curieuses, a ceci de particulier que le « *maramé*[1] » qui recouvre la tête, est bordé de franges retombantes. Un bandeau, blanc, noir, jaune ou rouge, l'enserre autour du front, et cela donne à la physionomie un caractère très particulier, évoquant les figures romaines.

1. *Maramé*, mouchoir.

Dans une vaste pièce, dont le sol est la terre battue, nous sommes accueillis avec toutes les marques d'une grande hospitalité. Il y a une vaste cheminée autour de laquelle on nous fait asseoir sur de petits escabeaux rustiques. Des pommes de terre cuisent sous la cendre. On nous en offre et les femmes s'empressent de tuer et de nous faire cuire un poulet. Avec cette familiarité qui est habituelle aux paysans serbes, mais dont la manifestation naïve et enfantine ne nous choque pas, elles épient nos faits et gestes.

Le lendemain matin, comme nous voudrions les photographier, elles hésitent beaucoup, tentées par l'idée d'être sur une image, puis refusent, car « on parlerait mal d'elles dans le pays, si on le savait ».

Il ne faut pas compter faire travailler aujourd'hui les chevaux harassés. Le maire me donne une paire de bœufs qui traîneront la kola, à laquelle les chevaux seront attachés, n'ayant qu'à suivre.

De nombreux fiacres, landaus, autos, etc., sont arrivés dans la nuit et repartent avec nous. Une foule de blessés aussi qui, à mes questions, répondent en hochant tristement la tête : « Techko, techko ! (dur, difficile). »

Je prends les devants. Après avoir traversé deux petits cols par une route bien comprise, nous passons à Souva Rióka. Ensuite on gagne une vaste plaine, la plaine de Mótakia et l'on aperçoit Prizrend où l'on entre bientôt.

Depuis deux heures de l'après-midi jusqu'à huit heures du soir, j'errai d'hôtel en hôtel, de la mairie à la préfecture, pour trouver un abri. Tout était plein ; il ne restait plus rien de libre ! La nuit était froide et pluvieuse ; nous nous résignions mélancoliquement à demeurer dans l'auto, bien moins confortable maintenant que l'arrière était enlevé, lorsque je retrouvai M. Lazitch, notre bon ami le préfet de Chabats. Avec lui était l'ancien préfet de Valiévo qui venait justement d'être nommé pour remplacer celui de Prizrend que l'on enterrait ce jour même.

Ce fut le salut. Peu après nous étions logés chez des Serbes, dans une belle maison turque, avec un attaché militaire d'un pays étranger, mais d'un pays ami.

Le 16, on se réveilla avec la neige. Triste journée !

Tchitcha survient, avec Vlada et le fiacre. Le père et le fils qui ne sont certes pas douillets, pleurent de la souffrance causée par le froid. Ils sont transis et, assis dans la cuisine où on leur fait place près du feu, ils restèrent engourdis longtemps, se contentant de gémir. Ils ont été surpris au moment d'arriver par une rafale de neige glacée. Leurs habits durs comme pierre se dégèlent peu à peu et leurs pieds sont en sang.

Avec leurs chevaux qui traînent le fiacre, ils ont un des deux chevaux de la kola, celui qui justement était le moins vaillant hier.

Et l'autre, et Dragomir, où sont-ils? Loin encore sur la route. L'autre cheval, le mieux portant quand je le quittai, est fourbu et Dragomir a dû s'arrêter. Je suis assez étonné... Je n'insiste pas et fais mettre à couvert les bêtes que l'on amène.

Dans la journée, voici Dragomir avec la kola que traînaient les bœufs ; le cheval, me dit-il, est mort. Pauvre Dragomir ! il était couvert d'une neige durcie qui le faisait trembler de tout son corps. Blême et défaillant, il a les pieds à moitié gelés. Je n'eus pas le cœur de le gronder, et cependant j'étais à peu près certain qu'il avait vendu le cheval.

Pendant que ces hommes se réchauffaient et se réconfortaient, j'allai me promener dans la ville. Je cherchai et trouvai certains de mes camarades arrivés dans les mêmes conditions que moi et logés au hasard. Les ordres étaient d'attendre.

Prizrend, ancienne capitale de l'Albanie, est, à mon idée, la ville la plus pittoresque et la plus belle que j'ai vue en nouvelle Serbie. Traversée par le Drin, de chaque côté duquel des canaux serpentent dans les rues, alimentant de nombreux moulins à turbine, elle est embellie par les nombreux ponts construits sur la rivière ; les uns en pierre, de courbe normale, les autres très raides, en dos d'âne, d'autres tout en bois, et certains recouverts par un toit rustique.

La ville est adossée à une montagne à laquelle les maisons sont accrochées jusqu'à mi-coteau, et que domine le vieux fort entouré de ces remparts qui sont toujours si remarquables dans les villes turques.

Prizrend sous la neige était féerique. Elle possède un important bâtiment, ancien palais de la commandanture turque, et de nombreuses mosquées aux blancs minarets dont quelques-uns joliment sculptés. Parmi les maisons turques, il y a en de riches avec des fenêtres ouvragées et des portes massives aux fers travaillés.

Bientôt la ville, déjà comble, fut littéralement envahie.

De Mitrovitsa, que l'on évacuait précipitamment, arrivaient en masse tout l'état-major, les membres du gouvernement, les députés, les représentants des puissances, et la foule des réfugiés de Mitrovitsa et de Prichtina.

Au soir, les rues étaient noires du fourmillement de cette cohue anxieuse, exténuée, affamée, qui se pressait cherchant un gîte sous une neige tombant implacablement, froide et serrée.

Les nouvelles étaient sombres. Les Autrichiens avaient, disait-on, pris Rachka, les Allemands n'étaient plus qu'à quelques kilomètres de Prichtina, les Bulgares occupaient les hauteurs de Jégovats, dominant Lipliano et menaçant de couper la retraite aux retardataires.

Nous n'étions arrivés que juste !

« *19 Novembre.* — L'horizon est menaçant. On espère toujours. Les armées serbes doivent tenter un dernier effort sur le Katchanik. Pour moi, c'est trop tard, et je me prépare à affronter, lorsqu'on nous donnera l'ordre de partir, les terribles passages des montagnes.

Sur mes trois chevaux parvenus ici, l'un est mort dès le premier jour. J'en ai acheté un nouveau, un petit cheval de montagne, et je fais l'acquisition de trois *samarres* (bâts). Il va falloir abandonner tout véhicule, et seulement emporter ce dont les chevaux pourront être chargés.

On cherche des provisions, mais il est difficile de s'en procurer, et l'on ne peut rien acquérir qu'à prix d'or. Nous avons encore de la farine avec laquelle notre hôtesse nous fait du pain. On crée des réserves et l'on prépare des sacs de toile en forme de musettes que chacun portera sur son dos.

Dans la soirée nous apprenons que Tétovo est aux mains des Bulgares. On dit que, si nous n'étions protégés par la neige des montagnes du Char qui nous séparent de Tétovo, nous aurions à redouter une attaque des comitadjis. Ici nous n'avons à leur opposer que des vieux du troisième ban. Je les ai vus passer, la plupart sans uniforme, quelquefois vêtus d'une vieille capote achetée à un prisonnier autrichien, la tête enfouie sous le bonnet noir, ayant pour toute arme un mauvais fusil ancien....

Heureusement qu'il neige !... pour nous — oui ! — mais pour les retardataires qui se pressent, essayant encore d'échapper à la terrible tenaille qui se referme sur eux !

Le lieutenant B..., que j'avais connu à Prichtina, fait son apparition. Il est jeune et supporte gaillardement l'épreuve où bien d'autres vont perdre la vie. L'évacuation précipitée de Mitrovitsa a été navrante. Des milliers de réfugiés se sont écrasés aux abords de la gare, cherchant à prendre place dans le dernier train.

Le « dernier train », je sais ce que cela veut dire, et l'angoisse que suscitent ces deux mots implacables comme un arrêt de mort. Le dernier train, nous l'avons vu partir de Valiévo, de

Kragouyévats, et nous étions bouleversés, nous autres qui avions des moyens de transport à notre disposition, par le spectacle des abandonnés, femmes, vieillards, qui, ne pouvant fuir, assistaient désespérés à ce départ final.

M. Lazitch est allé en auto jusqu'à Lioum Koulé pour explorer le chemin. A son retour je l'interroge : la route d'ici à Lioum Koulé est très mauvaise, mais encore libre. Quant à celle de Dibra il n'y faut plus songer. Les comitadjis bulgares ont occupé la ville.

Adieu, Monastir ! Je désirais depuis longtemps connaître l'Albanie. Je vais être servi à souhait.

Pour gagner Scutari deux routes s'offrent à notre choix : l'une directe, en suivant le Drin, par Lioum Koulé ; l'autre indirecte, par Ipek et le Monténégro.

Il paraît que les Serbes qui se préparaient à attaquer le Katchanik ont été devancés par les Bulgares qui ont les premiers pris l'offensive. Épuisés par les luttes et par les privations, les Serbes sont à bout de forces, et les munitions manquent autant que le pain. Les Bulgares sont forts et nombreux. C'est fini.

Notre dernier espoir maintenant est de gagner Scutari, si toutefois nous ne restons pas ici trop longtemps et ne nous y faisons pas prendre par les envahisseurs.

Nos hôtes actuels sont des Serbes orthodoxes. Le maître de la maison est instituteur; son fils doit terminer ses études médicales en France. Malgré leur nationalité, ainsi que la plupart des Serbes ici, ils portent le costume turc : lui se coiffe d'un fez; sa femme a le large pantalon bouffant. Elle se pare en notre honneur de ses habits de fête : pantalon de soie plissée, chemisette de fine mousseline, boléro à manches de velours écarlate que recouvre la longue redingote sans manches, pincée à la taille et ample de jupe; cette redingote est en velours rouge plus foncé, orné comme le boléro de lourdes et somptueuses broderies d'or.

Les pieds sont chaussés d'épais bas de laine blanche brodée de fleurs, car, selon la coutume, on dépose à la porte de l'appartement les sandales de cuir façonné.

Dans la maison, l'ameublement est turc ; les murs sont recouverts de boiseries sculptées, sur lesquelles sont accrochées ces merveilleuses étoffes que les femmes passent leur vie à confectionner. De beaux tapis cachent le sol ; un large divan tient tout un côté de la pièce. Il n'y a pas de cheminée ; on apporte pour se chauffer un vaste plateau de cuivre, élevé sur un pied, dans lequel se consume de la braise rouge, — un « *mangal* ».

Nous laissons à nos hôtes, en guise de souvenirs, nombre de petites choses que nous devons nous résoudre à abandonner. Les chevaux vont être déjà bien chargés de tout le nécessaire : couvertures, lit Picot, tente, et surtout provisions. Car avant d'aborder les montagnes, il faut avoir au moins dix jours de vivres.

Je leur confie aussi l'auto et le fiacre. La rue est si étroite que douze hommes, même en la soulevant, ont mille peines à faire entrer l'auto dans la cour. Par mesure de précaution, afin que les Bulgares n'en profitent pas, je retire du moteur une pièce essentielle et difficile à remplacer.

On m'a dit plus tard que j'aurais eu des chances de ne pas perdre mon auto si je l'avais mise sous la garde de l'archevêque, le personnage peut-être le plus puissant de toute cette région bouleversée. Mais qu'importe !...

En effet, l'influence d'un prélat catholique est considérable en Albanie ; et si l'on veut voyager parmi les tribus, il faut se précautionner d'une lettre adressée par lui aux curés des paroisses où l'on doit passer. Transmis de main en main, et munis de guides, on peut ainsi circuler sans crainte.

Les Mirdites catholiques sont sous la protection de l'Autriche. Cependant, par tout ce que j'ai observé à travers l'Albanie, et en causant avec des paysans, des bourgeois et des personnalités aussi cultivées qu'éminentes, je me suis convaincu qu'il règne parmi les Albanais une très vive sympathie pour la France.

« *19 Novembre.* — Journée d'attente. Si l'on ne se presse pas, il ne nous restera bientôt que le chemin direct à travers l'Albanie, car il paraît que les Autrichiens sont déjà près de Berana, au nord d'Ipek. Nous les fuyons depuis Chabats où nous les avons vus de bien près ; ce serait dur de les retrouver après la traversée des montagnes et un si long pèlerinage ! Le dernier espoir que nous entretenions de voir l'armée serbe s'enfermer dans la région de Monastir, avec cette ville comme centre, se ravitaillant par Salonique, protégée par les montagnes du Char, et ayant les Babouna comme rempart, doit être abandonné.

Il n'y a plus désormais que la forteresse naturelle du Monténégro. »

« *19 au soir.* — Ordre à la mission médicale de partir demain-matin et de gagner — chacun par ses propres moyens — Ipek et le Monténégro. »

XI

LA ROUTE D'IPEK

Le 20 novembre, dès l'aube grise et glaciale, sous une neige fondue qui continue à tomber, nous nous apprêtons à quitter Prizrend.

Nous emmenons la kola, car il paraît que les voitures de ce genre peuvent encore aller jusqu'à Ipek; mais nous avons abandonné presque tout ce que nous avions. Adieu, le fiacre! Adieu, ma chère petite De Dion, compagne de tant de voyages; je ne la quitte pas sans un serrement de cœur. Pourtant j'éprouve une certaine satisfaction à l'avoir amenée jusqu'à la limite extrême.

Le petit cheval, surnommé Slobodan (Liberté, — car ne doit-il pas nous mener vers la liberté?), est prêt. Chacun des hommes porte sa musette et sa couverture en bandoulière.

Nos hôtes prennent congé de nous tristement. Les jours qui vont suivre s'annoncent pour eux pleins de menaces. Ils nous donnent une lettre pour leur fille dont le mari est *présenik* de

Diakova, notre prochaine étape. Et « Naprod », en avant ! — Devant la porte, dans l'étroite ruelle, nous enjambons le corps de notre cheval mort, qui est resté là...

Par les rues sales, enfonçant jusqu'à la cheville dans cette boue glacée, nous avançons lentement, retardés et arrêtés à chaque pas par un encombrement de voitures et une cohue de monde.

Dans un coin, je vois deux Anglais en train de troquer à des Albanais leur auto contre deux ânes, et encore faut-il qu'ils versent en argent monnayé un surplus de 70 dinars.

Les échoppes sont assiégées par une foule affamée. Des soldats, des prisonniers aux joues creuses, aux yeux hagards, essayent de se faire acheter par les commerçants les misérables objets encore en leur possession, couverture, capote, les uns un gilet de laine, d'autres une chemise ; et c'est un spectacle navrant de voir ces pauvres diables échanger contre un minuscule morceau de pain, le vêtement faute duquel ils vont peut-être mourir de froid dans la montagne.

Un auto-camion reste abandonné près d'un trottoir ; une roue brisée gît à côté. Une famille s'est installée dans l'auto.

Les hommes portent leur couverture en bandoulière et chacun est armé d'un fusil ; les femmes ont revêtu des culottes et des guêtres.

Au sortir de la ville, nous voyons deux avions dans un champ ; on dirait deux oiseaux blessés abandonnés dans le brouillard. Devant et derrière nous, une file interminable de voitures qui semble un long cortège d'enterrement. Les piétons vont d'une allure plus rapide.

Nous longeons le cours d'une rivière large et bourbeuse. A gauche, l'horizon est fermé par la muraille des Alpes albanaises.

La route devient accidentée, et nous arrivons devant un pont étroit, mal pavé, sans parapet, dont les trois arches en dos d'âne sautent par-dessus un torrent profond et tumultueux qui rejoint la rivière. La pente est tellement raide qu'il faut faire galoper les chevaux pour arriver au sommet, puis les retenir, tandis que tout le monde s'accroche à la voiture, pour redescendre l'autre versant. Nous avons quitté la Serbie et nous voilà en Monténégro. Un petit poste établi près du pont arrête les réfugiés, car la famine règne, et on ne peut laisser entrer des bouches inutiles. Seules les notabilités passent, et les personnes qui ont des moyens pour faire lever la consigne.

Tchitcha et Dragomir hochent tristement la tête en quittant leur pays. Quant à Militza, elle est prise de frayeur toutes les fois que nous faisons halte dans une ville, car elle craint que nous ne l'y laissions ; elle n'a qu'un but et qu'un désir : avancer avec nous le plus loin possible, jusqu'en France ! Elle n'ose y compter, et c'est pourtant son rêve.

Elle ne dit pas grand'chose, mais fait preuve d'une endurance et d'une vaillance que Tchitcha, Dragomir et Vlada, prompts à se décourager, ne connaissent pas.

Le soir, lorsqu'elle s'étend pour dormir dans sa couverture, nous l'entendons soupirer : « Baba, Draga Baba ! Bogé, Bogé ! »

Et à chaque station, lorsque la crainte la prend que nous ne nous débarrassions d'elle, — comme nous pensions d'ailleurs à le faire, la confiant à quelque bonne famille serbe, si cela avait été possible, — elle devient anxieuse, épiant nos conversations, nos gestes, nos sorties, comme ferait un pauvre chien un instant recueilli que l'on voudrait perdre.

Vers la fin de cette première journée de marche en Monténégro, nous eûmes tout à coup un spectacle inoubliable, encore présent à mes yeux. Dans le crépuscule maussade et froid, qu'un soleil tardif venait éclairer, se dessinait un pont d'au moins douze arches ogivales dont le tablier suivait les ondulations. Il n'y avait pas de parapet, et la longue file des chevaux chargés, des piétons, officiers de la mission, soldats au dos voûté avec le fusil en bandoulière, se détachait en bizarres silhouettes, comme une succession interminable d'ombres chinoises.

Au loin, on distinguait vaguement la chaîne des montagnes dont la cime couverte de neige étincelait d'une façon bizarre sous les rayons obliques du couchant.

A la nuit noire, nous arrivâmes à Diakova où le maire, gendre de nos hôtes de Prizrend, ayant déjà sa maison pleine de monde, nous conduisit chez des amis. Nous sommes redevables à cette famille serbe comme aux paysans qui nous avaient reçus à Stimlia, d'une hospitalité des plus bienveillantes. Dans leur importante et belle maison turque, ils nous donnèrent une chambre confortable où d'excellents divans nous servirent de lits et où un *mangal*, un de ces plateaux en cuivre remplis de braise rouge déjà vus, vint nous chauffer et sécher nos habits humides.

Le lendemain matin, en nous remettant en route, je constatai la disparition d'une bonne lanterne d'auto ; grosse perte, car une lanterne est une chose essentielle dans ces chemins. Je soupçonnai Dragomir ou Tchitcha de n'être pas étrangers à cette disparition. Depuis longtemps je savais qu'ils avaient vendu certaines de nos affaires, et j'avais constaté leurs nombreux larcins chez des personnes qui nous avaient logés.

Mais ce n'était pas le moment de récriminer sans preuves.

Lorsque nous quittâmes, par un matin gris et pluvieux, Diakova, j'en emportai une impression de tristesse et de pauvreté.

C'est un assez gros bourg, mais il n'y a pas de beaux édifices ; les mosquées, les ponts, les maisons, tout est vieux et vermoulu.

L'élément arnaute y est en grande proportion ; et les Serbes étaient anxieux, voyant la mauvaise tournure des événements. Ils ne pouvaient espérer fuir, et ils craignaient un massacre dans le cas où les ennemis avançant exciteraient à les attaquer les populations des montagnes. « Mais tous les Albanais sont désarmés, leur objectai-je, on ne leur a pas laissé un seul fusil, un seul pistolet. — Ils ont leurs haches et leurs couteaux, et cela est plus effrayant encore ! » me dirent ces pauvres gens.

A part une halte d'une heure, vers midi, nous marchâmes sans arrêt toute la journée. La route est détestable ; plusieurs voitures sont embourbées et abandonnées ; il est préférable de marcher dans les prairies en friche.

Vers le soir nous trouvons un village vraiment albanais. Les maisons sont en pierre ; il n'y a pas de fenêtres du côté de la rue ; seulement une petite porte épaisse garnie de gros clous ; et, chose curieuse, chaque maison présente au niveau du premier étage une petite saillie percée d'un trou à la partie inférieure.

Ce trou commande la porte et permet de tirer sur un agresseur. Chaque maison est une véritable forteresse. Quant aux Albanais, je n'ai pas eu à me plaindre d'eux. Sans que l'on ait eu à le leur demander, ils se mirent souvent plusieurs à pousser la kola dans les endroits difficiles.

Très fatigués, nous arrivâmes à la nuit au monastère de Détchani. Il est situé à l'entrée d'une gorge, au milieu d'une belle forêt. Une énorme porte cochère donne accès dans la cour, et de vastes bâtiments entourent l'église. Ce monastère fut bâti par le roi Étienne Ouroch III, et dédié à l'archange saint Michel, en reconnaissance de ce que ce roi, qui avait été aveuglé au fer rouge par son père Miloutine, vécut plusieurs années au monastère de l'archange saint Michel à Constantinople, où il fut presque complètement guéri.

L'église, datant de 1327 à 1355, est en marbre rouge. Elle affecte la forme d'une croix, à contours arrondis, et est surmontée d'un dôme carré. L'intérieur, divisé comme toutes les églises orthodoxes en narthex, église et lieu saint, est très richement décoré, suivant le style slave, de dorures et de fresques dont beaucoup sont altérées par le temps. Dans un sarcophage ou-

10

vert, exposé à la vénération des fidèles, sont conservés les restes du saint roi Étienne.

On ne peut guère en voir que les habits fort riches, ornés de pierreries et de perles, et une main noire et desséchée.

Saint Sava fut enterré dans ce monastère ; ses restes furent ensuite transférés à Mileschevedo.

Le couvent contient 207 moines (caloyères).

Aujourd'hui il est envahi par de nombreux voyageurs, officiers et fonctionnaires serbes avec leurs familles, ministres, officiers de la mission française. On nous loge dans une vaste pièce où nous devons nous contenter d'un peu de paille comme couchage; nous passons une nuit blanche à cause des allées et venues des soldats qui sont avec nous. Avant l'aube nous nous levons, et, sortant par une petite porte derrière le couvent, j'eus une admirable vue de la gorge sauvage aux abords escarpés où dévalait le torrent. Au premier plan, sur les ondulations des premières collines, la forêt de chênes rabougris aux feuilles desséchées présentait une teinte uniforme d'un jaune brun un peu cuivré.

Derrière, de hautes montagnes recouvertes de sapins noirs fermaient l'horizon. La lune jetait sur les cimes couvertes de neige une blafarde lueur qui ajoutait au charme grandiose de ce tableau sauvage, tandis qu'à l'orient le ciel couleur d'ardoise s'éclairait de teintes vertes précédant le lever du soleil.

Du monastère à Ipek, la route nous réservait de pénibles surprises. Naturellement nous nous attendions aux rivières à franchir à gué. Sur plusieurs d'entre elles, larges et profondes, il existait des ponts, que le dernier orage que nous avons subi à Prizrend venait d'emporter. Des Albanais travaillaient à les reconstruire, et sur les poutres déjà posées, les piétons pouvaient se risquer sans grand danger, mais cela était beaucoup moins sûr pour les chevaux et les voitures. Je passai sur Slobodan, le premier, afin de tâter le terrain; puis Tchitcha fit traverser la kola dont Dragomir lui avait remis la direction. Le vieux Tchitcha allait, tout en maugréant et en secouant la tête, déployant une grande habileté à soutenir ses bêtes, qu'il aimait d'ailleurs et dont il prenait soin. Aussi les conduisait-il, maintenant qu'ils avaient remplacé à la kola les deux chevaux morts de Dragomir. A cette rivière, quelque temps après nous, vint le commandant D..., officier de la mission, qui était à cheval et voulut passer à gué. Il fut emporté par le courant, ainsi que son interprète, et ils auraient péri sans les Albanais qui se jetèrent à l'eau pour les tirer de là.

Un peu plus loin, le tracé de la route avait disparu complètement dans un immense terrain jonché d'énormes pierres qui s'étendait depuis le sommet de la montagne à gauche, jusqu'à perte de vue, à droite, sur une largeur de 1 500 mètres. Cette avalanche de pierres avait été causée par le dernier orage. Je ne sais comment la kola y a passé ; ce modèle de voitures serbes est admirable de légèreté et de solidité.

Comme nous approchions d'Ipek, nous rencontrâmes deux femmes serbes habillées, ainsi que le sont beaucoup d'entre elles en cette contrée, d'un assemblage curieux de vêtements serbes, albanais et turcs. Sous la chemise, fendue au-dessus de la cheville, on aperçoit les larges pantalons bouffants à la turque que dépassent les pieds chaussés de bas serbes multicolores et d'opankés. Autour de la taille, la large ceinture de métal. De nombreux colliers, et la coiffure albanaise d'écharpes roulées autour du visage, et d'où pendent des pièces d'or.

Elles étaient lourdement chargées de ballots qu'elles portaient sur la tête ; l'une d'elles courbait en outre ses épaules sous le poids du petit berceau où dormait son enfant.

D'Ipek on aperçoit tout d'abord de vastes bâtiments rectangulaires qui sont les casernes. La ville est pauvre, mais gagne en pittoresque ce qu'elle perd en richesse. Bâtie juste à l'entrée d'une fissure qui s'ouvre dans les montagnes, elle est traversée par la Bistritzsa qui en sort en un site d'une âpre grandeur.

De quelque côté que le regard se porte, il s'arrête sur ces cimes élevées dont la superposition dissimule la route où nous allons avoir à nous engager.

Les maisons, d'humble apparence, sont bizarres à cause de la saillie du premier étage qui surplombe les rues. Elles sont ornées d'arabesques et peintes en bleu, rouge ou vert.

On cherche des provisions, mais il n'y a rien, à part des pommes. Le préfet, qui est vêtu du costume monténégrin, pantalon bleu à larges soufflets, boléro rouge, et casquette plate à bord noir et à fond rouge où sont brodées les lettres d'or : N. I. (Nicolas Premier), nous dit que nous ferons bien de nous presser, car la neige, sous peu, nous barrera le chemin.

Encore une fois, et la dernière, je retrouve mon économe de Chabats. Si j'ai emmené mon auto jusqu'à la dernière limite, il a, lui, emporté ses instruments de l'hôpital aussi loin que cela a été possible; et je crois bien que ce qu'il a réussi à sauver jusqu'ici est tout ce que la Serbie possède encore en matériel chirurgical. Malheureusement il ne peut plus espérer de continuer cette tâche. Il laisse tout son convoi chez des amis serbes et, avec Douchane, Rouja et Nata, il va essayer de se réfugier chez le père de cette dernière, qui est venu au-devant d'eux.

Ce vieux Monténégrin à la haute et fière stature est le type du paysan des Montagnes noires. En passant je remarquerai ici que, si j'ai constaté que les Serbes sont grands et forts en général, les Monténégrins les dépassent. Leur taille excède souvent deux mètres et, sans embonpoint, ils sont d'une grande force musculaire et nerveuse.

J'ai eu une longue et intéressante conversation avec le vieux Bogidar qui, tandis qu'il me parle, me fixe de son œil de faucon et s'arrête de temps en temps pour me demander si je le comprends bien. Je lui fais un signe affirmatif et il poursuit : « Vous avez laissé votre auto et le fiacre à Prizrend, me dit-il. Vous allez laisser ici la kola, avant de prendre la route, — et il m'indique du doigt le gouffre noir percé dans les montagnes. — Nous aussi, nous avons tout laissé, et nous ne sommes pas les seuls ! Les armées serbes vont abandonner les canons, et si les hommes passent, ils n'emporteront — et encore ! — que leur fusil. Mais, à son tour, l'ennemi sera arrêté par les montagnes. « Tserna Gora je svo grad », le Monténégro entier est une forteresse et représente — il replie sa main comme lorsqu'on veut y boire — une tasse. Les rebords escarpés au nord, à l'est, à l'ouest, la rendent inattaquable : au sud seulement il y a une ouverture, et là nous avons Scutari. Avec la première armée serbe, nous tiendrons notre forteresse ; la deuxième et la troisième qui vont directement de Prizrend à Scutari nous garderont au sud. — Et comment serez-vous alimentés? » hasardai-je. Il devint plus grave : « Ça, c'est la grosse question. Mais on dit que la France nous envoie beaucoup de choses par Saint-Jean-de-Medua. Avec cela, ce n'est pas des mois que nous tiendrons, mais des années. »

Dans les rues d'Ipek la foule des réfugiés serbes s'agite, affamée et soucieuse. Il n'y a rien à gagner à séjourner ici ; on ne trouve aucune nourriture à acheter. Les habitants, méfiants et craintifs du sort qui leur est réservé, cachent soigneusement leurs provisions et ne veulent pas en abandonner la plus petite parcelle. Peu à peu tout le monde prend le chemin des gorges. La neige nous menace et, sous un ciel bas et gris, les montagnes noires se dressent lugubrement.

Lorsque vient l'ordre de partir, je ne perds pas de temps et ma caravane s'engage à son tour dans le défilé.

XII

LA TRAVERSÉE DES MONTAGNES

En sortant d'Ipek, à l'entrée de la gorge, nous découvrons le monastère de l'Ascension dont l'église érige cinq dômes roses au milieu de vastes bâtiments.

A ce moment j'éprouvai une vive surprise en voyant s'engager, sur le chemin qui conduit au monastère, une auto, une « Ford », que ses propriétaires allaient sans doute mettre à l'abri dans le couvent. Comment l'avaient-ils amenée là ? Dieu seul, et eux, le savent.

Quoi qu'il en soit, je ne peux m'empêcher d'admirer la vaillante petite voiture et je souhaite que les Bulgares ne la dénichent pas dans son refuge où, seule sans doute de toutes les automobiles qui ont passé en Serbie, elle survivra à l'immense hécatombe de ses sœurs infortunées.

Nous avions quitté Ipek dans l'après-midi, aussitôt l'ordre du départ reçu, car je voulais avancer au plus vite ne fût-ce que de quelques kilomètres, et je n'oublierai jamais cette première soirée dans les montagnes. La route s'engage immédiatement dans la gorge étroite, encaissée entre deux murailles de roches si élevées que le soleil n'y pénètre pas, et au fond de laquelle roulent tumultueusement les eaux écumeuses de la Bistritsa. Dans ce sombre couloir, ce n'est plus qu'un sentier sablonneux où des pierres font tourner le pied mal assuré. Nous marchons en file indienne, car il est impossible d'aller à deux de front. Tout à coup, un bruit de glissade, et l'un de nous pousse un cri. « Est-ce notre cheval ? » Je bondis en avant et vois rouler la pauvre bête le long du ravin. C'est Dorane, l'un des deux chevaux de Tchitcha. Mais une chance nous a favorisés ; le sable a atténué la chute. Dorane se relève avec peine, mais n'a pas de mal, et nous nous remettons en route. Pendant que nous opérions le sauvetage, des camarades nous dépassent. Sur cinq petits chevaux, leurs bagages sont attachés à des *samarres* (bâts). L'une d'elles tourne, une caisse tombe, se brise, laissant échapper une « *gouzla* » (guitare). Son propriétaire la ramasse, la suspend à son dos, envoie d'un coup de pied la caisse dans le ravin, et, la samarre rajustée, en route : Napred !

Un peu plus loin, nouvelle chute de Dorane. La nuit étant venue, j'allume une misérable lanterne que j'ai payée 5 dinars à Ipek ; j'éclaire le cortège, que je précède. Le sol est rocailleux, semé d'embûches ; on ne peut éviter les pierres, on ne les voit pas. Dorane tombe encore. A chaque accident, c'est un arrêt d'une demi-heure, car il faut décharger la samarre avant de relever le cheval, et recharger ensuite.

Nous montons très haut, à pic sur des sortes d'escaliers que nous avons ensuite à redescendre jusqu'au lit du torrent. Marchant dans le torrent même, escaladant de roche en roche, nous avançons péniblement dans la nuit noire où notre lanterne jette une vacillante lueur. Enfin nous arrivons à l'étape : le *han* de Stepol Veliki.

Ce misérable « han », sorte de caravansérail primitif, se compose d'une écurie et d'une grange au-dessus desquelles est une vaste chambre munie d'un poêle. Cette dernière était si pleine de voyageurs et si enfumée que nous dûmes choisir la grange, où déjà beaucoup d'autres personnes dormaient sur le foin.

Un petit taureau nous tenait compagnie, qui ne cessa de ruminer. Si l'on ajoute à cela que le commandant V... souffrit toute la nuit du mal des montagnes, et qu'un ronfleur tel que je n'en ai de ma vie entendu, couchait près de nous, on comprendra quelle nuit nous passâmes.

Dès l'aube, nous nous remettions en route.

Des camarades, qui nous ont rattrapés pendant la nuit, nous disent que d'autres chevaux ont roulé dans le ravin ; l'un s'est tué. Je me décide à abandonner la tente. Je la fais monter, j'inscris dessus : « Réservé aux Français », et nous partons. En rassemblant nos bagages, je constate la disparition de mon imperméable.

Dans la gorge qui nous rapproche du Tchakor, col que nous devons franchir à 2000 mètres d'altitude, la succession des plans de montagnes d'abord brunes, puis noires, puis blanches, offre une vue féerique.

La fatigue des chevaux nous oblige à nous arrêter avant l'ascension du Tchakor et nous campons dans une maison en planches entre les interstices desquelles le froid de la nuit vient nous glacer. De nouveau, des femmes font partie de la retraite : ce sont des paysannes monténégrines qui fuient le Sandjak pour se réfugier dans le cœur du pays.

Troisième journée. Départ au petit jour. Une couverture piquée a disparu. Tchitcha me dit que, placée sur le dos de Slobodan, la sueur de celui-ci l'a pourrie et qu'il a dû la jeter. Je n'insiste pas...

Par petits lacets nous montons. Peu à peu la neige s'épaissit sous nos pas. Elle a fondu hier sous le piétinement des caravanes, puis elle a regelé, et c'est une terrible glissoire aussi bien pour nous que pour les chevaux. Dorane tombe, puis Slobodan à son tour. Nous dépassons deux chevaux morts la veille. La rampe semble interminable. Il y a beaucoup de femmes et d'enfants. Les Monténégrines de la montagne sont vêtues d'un jupon court qui ne dépasse pas le genou et leurs jambes sont recouvertes de bas rouges qui font penser aux mocassins des Peaux-Rouges ; leurs pieds sont chaussés d'opankés ; deux petits tabliers striés de rouge pendent devant et derrière ; le corsage est une sorte de boléro disgracieux. La tête est recouverte d'un maramé à franges qui encadre la figure. Ces paysans sont en général robustes, et ont la physionomie rusée. Les enfants pleurent de froid — pauvres petits ! — et les mères leur attachent des mouchoirs autour des mains pour empêcher qu'elles ne gèlent. Elles portent les plus jeunes sur leurs épaules.

Dans les groupes des familles serbes qui font la Béjania, on remarque, au dos des mulets, suspendus de chaque côté, deux paniers dont chacun contient un enfant.

Les forêts de sapins qui jetaient sur la neige de larges taches noires ont disparu. Il n'y a plus rien maintenant dans cette immensité dont la blancheur, qui réverbère sous le soleil, fatigue les yeux. Enfin, après trois longues heures, nous voici au sommet, marqué d'une grosse pierre qui ressemble à une stèle. Dans un petit « han » quelques voyageurs se réchauffent. Je ne m'arrête pas; le temps menace; le ciel, que perce un pâle soleil, est chargé de neige, et il faut gagner le prochain village dans la journée.

La descente est plus dure encore que la montée, déjà bien pénible. Dans ces étroits sentiers, ceux qui ressentent le mal des montagnes sont pris de vertige s'ils regardent le bord escarpé qui dégringole à pic et sur lequel pas un arbre, pas un arbuste n'arrêterait la chute.

Tous nos chevaux trébuchent et tombent, et nous aussi, de même que nos compagnons de route. A chaque instant on est retardé, à cause d'un cheval que l'on décharge pour le relever.

Notre pauvre Dorano fait au moins dix chutes dans la journée.

Dans un étroit raidillon tout en glace, je tombe si rudement que la violence du choc m'étourdit. Ma femme qui me suit tombe à son tour, puis Dragoumir, et Dorano naturellement; au moment où je me remets debout, un spectacle des plus comiques me fait éclater de rire. Tchitcha, qui tient par la bride sa jument Tsana, tombe violemment sur son séant, la bête sur son train de derrière; tous deux glissent environ dix mètres sans se lâcher, tandis que le vieux encourage son cheval, qui se relève en même temps que lui.

Combien de culbutes encore ! je n'en parle plus. Enfin nous voici sortis des neiges permanentes et, dans la soirée, nous arrivons à Velika. Les derniers 800 mètres se font dans le lit d'un fort ruisseau. On saute de pierre en pierre, mais on ne peut éviter de se mouiller complètement les pieds, chose particulièrement pénible, car la neige dure les avait glacés, et maintenant la souffrance est plus vive.

Velika tient le record d'être un village où il n'existe aucun chemin. Pour se rendre d'une maison à l'autre, on suit le lit de la rivière, heureusement presque à sec en ce moment.

Lorsqu'elle est trop haute, il faut passer dans les prairies humides.

Nous trouvons un gîte où nous avons la chance d'avoir un feu pour nous chauffer et nous sécher, et où nous pouvons faire cuire quelques aliments. Avant la nuit, des camarades surviennent. L'un d'eux, qui n'a pas de logis, demande à partager le nôtre. Il est très fatigué et souffre d'entérite[1]. Ajoutées au détestable régime de huit mois en Serbie, les souffrances de la retraite et les privations de nourriture commencent à faire peu à peu des malades parmi nous.

1. C'était, en réalité, la fièvre typhoïde.

On vient me demander de voir un député serbe, qui, désarçonné par sa monture, s'est fracturé le bras.

Le commandant D., de notre mission, a reçu un coup de pied de cheval dans le genou. Une infirmière anglaise a eu la jambe brisée.

Bien des chevaux jalonnent le chemin.

Certains camarades disent avoir entendu au nord une vive fusillade. Il existe une passe au nord d'Andriévitsa. Allons-nous être coupés avant d'y arriver?

Lorsque, après une bonne nuit, nous reprenons notre marche, nous nous félicitons d'avoir franchi le Tchakor. Il neige. Ceux qui sont partis d'Ipek, seulement douze heures après nous, vont avoir de la difficulté à franchir le col.

Pour nous, notre journée est déjà bien pénible. La neige aveugle chevaux et voyageurs. La route n'existe plus. On suit le bord de la rivière, où quelquefois il faut entrer tout à fait, marchant dans l'eau glacée. Parfois on prend un sentier qui monte en raidillon et redescend de même et où les chevaux tombent. Il faut tailler la glace à coups de hache pour leur permettre de passer, et lorsqu'une chute nécessite le moindre arrêt, la souffrance que cause le froid intense, surtout pour les pieds mouillés, est atroce. Dans cette pénible traversée, un certain nombre de camarades eurent les orteils gelés, qui, faute de soins reçus dans les jours suivants, durent être amputés à Scutari.

Enfin nous voici à Andrióvitsa, grande bourgade dont les maisons ont des toits pointus et qui, sous les flocons pressés, paraît pauvre et désolée. Avant d'y parvenir, il faut encore se risquer sur un pont de bois des plus dangereux.

Nous trouvons une chambre relativement confortable, bien que sans feu. Mais je note ici que c'est la deuxième fois, depuis Chabats, que je couche dans un lit ; et il y a, avec du pain noir bien fait, une appétissante soupe aux choux. Grand régal !

Par exemple, il ne faut pas compter acheter du pain pour l'emporter. Les habitants le gardent soigneusement. On nous a fait payer 24 francs pour notre chambre et notre assiettée de soupe, et à grand'peine puis-je procurer aux hommes un peu de *caïmac* (crème fermentée) et de cet infect pain de maïs (*proja*) auquel nous autres Français devons renoncer, car nous ne pouvons pas le digérer.

La neige ne cesse de tomber ; elle s'est accumulée pendant la nuit. Tchitcha, Dragomir et Vlada déclarent qu'elle les aveugle, et ils ne veulent plus avancer. Je n'ai qu'une seule réponse à leur faire : s'ils me quittent, qui les nourrira ? L'argument est sans réplique et, tout en maugréant, ils préparent les chevaux.

Le préfet de Podgoritsa, qui est à Andriévitsa pour s'occuper des convois, me conseille de ne pas perdre un jour. Nous avons un second col à franchir et la neige pourrait nous bloquer ici pendant un mois. Il me prévient en outre qu'il va mettre des voitures à notre disposition, une pour quatre officiers, et me désigne celle où je puis mettre mes bagages. J'en suis bien aise. Cela va soulager un peu mes pauvres chevaux. Je les décharge complètement, erreur qui faillit nous coûter la vie ! Habitué à voir les voitures rester derrière les piétons dans ces chemins difficiles, je pensais que, nos bagages placés sur la voiture, nous marcherions les uns et les autres à côté d'elle. Dans la ville il y avait une épaisseur de neige de 30 centimètres. Mais, une fois les bagages chargés, quelle ne fut pas ma surprise de voir mes trois camarades grimper sur le véhicule, nous laissant là tous, avec leurs hommes !

La voiture partit à fond de train, et nous étions sans provisions. Nous avions à franchir le col de Trechniévik à une altitude d'environ 1 700 mètres, par une route assez bien tracée. Les voyageurs à pied prenaient des raccourcis ; nous, il nous fallut suivre tous les lacets.

Impossible de monter sur les chevaux, exténués eux-mêmes; et peu à peu, la faim s'ajoutant à notre fatigue, la marche devenait un supplice.

Vers midi, nous rencontrâmes un « han » où des voyageurs, arrêtés près d'un feu, s'apprêtaient à un repas plus que frugal. Je pus acheter pour mes hommes du raki, et nous passâmes...

Le col franchi, on commença à descendre ; je dirai ici qu'il est à remarquer qu'avant de gagner Podgoritsa on descend ainsi trois énormes marches d'escalier avant de gagner le niveau de la mer.

Le crépuscule nous surprit nous traînant toujours ; il fallait, coûte que coûte, dussions-nous aller toute la nuit, rattraper nos couvertures et nos précieuses provisions. Les pieds ensanglantés, à moitié gelés, nous n'allions pas vite. A chaque « han » nous nous arrêtions pour demander si des Français étaient là. Mais la réponse est toujours la même : « Nema ». C'est le « nema » serbe que nous connaissons, hélas ! depuis longtemps, mais le ton a changé. Les tenanciers des « hans », grands bandits monténégrins, le disent avec une insolence et une impolitesse inouïes. Mes plus mauvais souvenirs sont de ces montagnes de Tsorna Gora, qui, certes, n'ont pas volé leur nom de montagnes maudites. L'estomac creux, à bout de souffle, nous avançons toujours dans la nuit noire et je commence à être inquiet. Si l'on avait, par cette obscurité, dépassé la voiture ! Aussi bien, tout pourrait être perdu ! Sans vivres, que devenir les jours suivants ? Il ne faut pas compter en obtenir de personne parmi les voyageurs. Et dans les rares maisons que l'on rencontre, c'est toujours la même réponse : « Avez-vous du pain ? — Nema. — Du fromage ? — Nema, nema nichta. » A peine peut-on se faire donner de l'eau !

Enfin, à Baré, j'ouvre la porte d'un vaste « han » et j'aperçois, dans la vague lueur que donne une malheureuse chandelle, quelques uniformes français. Nous sommes sauvés !

Nous constatons que plusieurs de nos bagages ont disparu : deux couvertures, notre poêle à frire (grosse perte), un sabre turc que portait Dragomir, et, chose plus grave encore, notre sac d'avoine. Après cette pénible journée, nos pauvres chevaux n'eurent qu'un peu de foin.

Le tenancier de ce repaire de bandits était un grand diable, véritable brigand mesurant 2 m. 10. Il commença par m'interdire, sous prétexte que c'était plein, l'entrée de sa cahute et son écurie pour mes chevaux.

Comme je lui disais que j'étais capitaine : « Capitaine ! » cria-t-il avec une grossièreté sans pareille, « moi aussi, et je suis seigneur (*gospodar*) chez moi ! » Mais j'avais faim et j'étais à bout. Je lui montrai la gaine de mon revolver et il dut voir dans mes yeux une lueur qui le calma. Il ne faut pas pousser trop loin la bête humaine !

J'installai donc mes chevaux, et nous passâmes la nuit à l'abri, étendus à terre les uns à côté des autres. Combien étions-nous ? je ne sais. Je ne pus me procurer qu'un peu de fromage gâté que les hommes se partagèrent ; notre pain se raréfiait.

Deux jeunes infirmières anglaises, qui firent toute la route à pied et sans secours, arrivèrent après nous et l'homme intimidé n'osa les mettre à la porte. Ce dont elles disposaient pour leur nourriture était des plus maigre ; elles obtinrent un peu d'eau et firent du thé dans lequel elles trempaient quelques morceaux de biscuits durs. Elles nous dirent l'horreur que leur inspiraient ces « hans » infects où l'on couchait pêle-mêle, et où toujours il se trouvait un tousseur, un ronfleur, ou un groupe qui jouait aux cartes en fumant, pour empêcher les autres de dormir.

Exténués, rien ne nous tint éveillés cette nuit. Au petit matin, déjà des voyageurs préparaient leur départ ; car tel est le but de tout le monde : profiter du jour et gagner un abri avant la nuit. On allume une chandelle, et je me réveille juste à propos pour voir mon imperméable, qui a disparu deux jours auparavant, et qu'un homme se prépare à rouler dans ses affaires. « Ceci est à moi. — Non, non, » dit l'homme, un interprète ; mais il n'insiste pas et me le laisse lorsque je lui montre une petite réparation qui me le fait reconnaître sans erreur. En même temps j'aperçois d'autres voyageurs, des Serbes ceux-là, qui replient notre couverture piquée, soi-disant moisie sur le dos de Slobodan. Je leur demande où ils se la sont procurée. — « Dans un « han » il y a quelques jours ; je l'ai achetée à un vieil homme, » me répond l'un d'eux. Le vieil homme, c'est mon Tchitcha.... Mais nous ne sommes pas au bout de nos pertes ; soyons philosophes !

Triste journée de dimanche ! Le calvaire continue.

La route d'ici à Lieva Reka serait bonne, mais la plupart des ponts qui traversaient la rivière en zigzag ont été emportés par une inondation, et lorsqu'on aboutit à l'obstacle, il faut se détourner, s'engager dans des sentiers qui n'existaient même pas encore, avant que nos devanciers des jours précédents les eussent tracés.

Ils sont en pente sur le flanc de la colline rocheuse, ces sentiers, et si étroits que les chevaux peuvent à peine y poser les pieds. Ils sont, de plus, couverts de verglas, et c'est dans l'un de ces passages que notre pauvre Dorane trouva la mort. Il roula sur des roches pointues, au fond d'un ravin à pic, et ne s'arrêta que dans l'eau glacée de la rivière.

Les hommes, aidés par un prisonnier autrichien, eurent mille peines à le débâter et à sauver son précieux chargement, dans lequel était notre reste de pain, un peu de farine, un sac de haricots, le sucre, puis le lit Picot, des couvertures et quelques vêtements, et mon sabre.

Tout cela, sorti de l'eau, se gela, et c'est en blocs qu'il fallut l'emporter. Quant au cheval, on réussit à le retirer, lui aussi, mais ce bain glacé lui avait été fatal ; un quart d'heure plus tard il s'abattit pour toujours.

Il faisait un froid intense. Si l'on s'arrêtait cinq minutes, les pieds, que l'on avait mouillés, semblaient se geler et l'on souffrait cruellement lorsqu'on se remettait à marcher.

Nous fîmes halte pour manger dans un « han » où il y avait du feu. Nos provisions étaient fort médiocres, on se partageait parcimonieusement un petit morceau de pain et une moitié de sardine, car il fallait encore deux jours avant de gagner Podgoritsa. Hélas ! notre sucre qui était tombé à l'eau était perdu, s'étant gelé après avoir fondu parmi les sacs. Nous avions quelques noix, mais lorsqu'on les cassait, deux sur trois étaient mauvaises. — Déception !

Dans ce « han » quelques prisonniers autrichiens étaient échoués. Mourant de faim et de maladie, ils ne voulaient plus aller plus loin et avaient perdu tout espoir. Ils ramassèrent les noix gâtées que nous jetions et les mangèrent.

Nous faisons une très longue descente en lacets, — c'est la deuxième marche. Le pays est aride, dépourvu de végétation. Enfin l'on arrive à Lieva Reka. Dans le premier « han », de nombreuses personnes sont installées et l'on nous met à la porte. A quelques mètres il y en a un second. Là encore la chambre est presque pleine, mais cette fois nous ne nous laissons pas intimider. Seulement, tandis que nous entrons, les voyageurs s'empressent de s'emparer de tous les bancs en bois, qu'il y avait dans la pièce afin de s'en faire des lits. En outre ils se massent en cercle compact autour du poêle afin d'empêcher que nous nous en approchions. Cependant la couverture de Militza, qui était sur le dos de Dorane lorsqu'il est tombé dans la rivière, est gelée, et l'enfant pleure de froid. Nous réussissons à lui faire une place près de ce feu. Triste pays ! on est réduit à l'état de mendiants, et il faut gravir, ventre creux, pieds en sang, ce pénible calvaire qu'est le chemin de la retraite !

Je m'aperçus au matin qu'un de mes portefeuilles, sans doute glissé hors de mon habit pendant que je me séchais, avait disparu. Heureusement il ne contenait pas d'argent ; seulement des papiers.

De Liova Reka, on remonte insensiblement une longue côte que l'on redescend ensuite brusquement par une belle route en multiples lacets.

Nous sommes survolés par un avion autrichien.

Au loin on aperçoit une nappe d'eau scintillante ; c'est le lac de Scutari.

Dans cette descente, on dépasse la limite des neiges, mais il fait encore un froid intense qu'augmente un vent glacé. Même en marchant on ne peut se réchauffer.

Les Monténégrins ont un service de sept ou huit automobiles qui nous croisent, faisant le trajet de Podgoritsa à Liova Reka.

J'attribue notre salut à ce que nous n'avions pas de voitures et avons accompli tout le voyage à pied. Beaucoup de ceux qui sont ensuite tombés malades, avaient vivement souffert du froid dans ces grandes charrettes ouvertes qui les transportèrent pendant ces quelques kilomètres.

L'aspect de ce pays aux roches grises dénudées est celui d'un panorama lunaire.

Arrivés vers la fin de la descente, comme il va bientôt faire nuit et que nous ne pouvons plus marcher, nous nous arrêtons dans un petit village et nous cherchons un abri. Tout est désert, toutes les maisons sont closes. Nous avançons encore, et cette fois nous ne pourrions pas aller plus loin. Heureusement une famille de paysans monténégrins nous reçoit d'une façon très hospitalière. Leur demeure est entourée de murailles de pierres qui la rendent presque inaccessible. Le logis se compose d'une vaste pièce placée au-dessus d'une écurie. Il n'y a pas de plafond ; seulement des tuiles sur des poutres. Une seule fenêtre est fermée par un volet de bois. Tant qu'il fait jour, la porte reste ouverte pour éclairer, et le froid entre, intense. Un grand feu, allumé au milieu de la pièce, y répand une épaisse fumée.

Mais nos hôtes, des paysans aisés et bienveillants, font tout ce qu'ils peuvent pour nous rendre leur habitation plus confortable. Ils nous préparent un bon repas et nous installent le plus près qu'ils peuvent du brasier sur lequel ils empilent des branchages, tandis que des voisins, qu'ils ont prévenus de la visite des Français, viennent nous dire toutes sortes de compliments et nous regardent avec curiosité. Ils nous racontent qu'ils ont un fils étudiant à l'Université de Dijon. Cela paraît fantastique dans ce décor ! Ils nous offrent leur unique lit et, pendant que nous dormons, cuisent pour nous un pain avec le reste de notre farine.

Le bon accueil de cette famille nous permet de repartir le lendemain avec un peu plus de vaillance ; mais la fatigue ne tarde pas à reparaître. Pour moi, je ne peux plus avancer ; mes pieds sont ensanglantés et chaque pas est un supplice.

La vallée, qui s'était élargie, se resserre de nouveau entre deux massifs rocheux formant un défilé au fond duquel coule une rivière absolument limpide, de couleur émeraude.

A 6 kilomètres de Podgoritsa, on entre dans une vaste plaine inculte et aride. La route la traverse en droite ligne allant jusqu'à la ville ; on aperçoit tout d'abord deux petites tours Eiffel, dressant leur silhouette au-dessus des maisons basses. Ce sont les mâts de la station française de radiotélégraphie.

Nous voici à Podgoritsa.

XIII

DE PODGORITSA A SCUTARI

Podgoritsa, qui est le centre commercial du Monténégro, a l'aspect pauvre. Toutes les maisons ordinaires sont composées d'un seul rez-de-chaussée. Alignées les unes à côté des autres et peintes en jaune, vert, rouge, orange, elles font penser à de petites baraques qu'un enfant aurait coloriées.

Il y a plusieurs hôtels, mais pas de beaux bâtiments. Les rues sont droites et propres. Elles sont en macadam et les trottoirs en petits galets, bien douloureux pour les pieds meurtris.

La ville est déjà pleine. On nous loge chez un loueur de voitures ; la femme nous donne une belle chambre, sans lit, ni feu. Mais à la cuisine un grand poêle répand une bienfaisante chaleur et elle nous offre des sièges. Tout à coup, on entend la porte d'entrée s'ouvrir et elle se précipite. Le bruit nous parvient, à travers le plancher (car c'est un premier étage au-dessus de la remise), d'une violente discussion. Vlada, qui était en bas, vient nous dire : « C'est son mari, il veut la tuer parce qu'elle nous a laissés entrer. »

En effet, le propriétaire ne semble pas commode, à en juger par les menaces qu'il profère. Il monte, entre brusquement et commence à m'interpeller. Je ne lui réponds rien, mais j'ordonne à Vlada d'apporter mon revolver que j'accroche au dossier de ma chaise, puis je continue à me chauffer. Notre homme est toujours très irrité. Il demande du raki que sa femme tremblante s'empresse de lui servir. Il boit et, appelant ses deux enfants (trois et cinq ans) pour lesquels il semble avoir une grande affection, il leur en fait boire aussi. Peu à peu, en les embrassant, il se calme. Il vient vers moi, et d'un geste théâtral, enlevant sa calotte, il m'explique que sa colère n'est pas de me recevoir, mais de ne pouvoir me recevoir dignement, car les Serbes ayant mis des hôtes chez son frère, il a prêté le mobilier de sa belle chambre, et maintenant, « que penseront les étrangers de ne trouver chez moi qu'une chambre sans lit ? » Je l'excuse, et aussitôt il devient très démonstratif dans ses bons sentiments. Il nous offre le raki, qu'à sa stupéfaction nous n'acceptons pas. Il commande alors à sa femme de faire le café.

Lorsque vient l'heure de dîner — nous avons

pu faire cuire des haricots, — il nous prépare la table et, refusant avec obstination d'y prendre place, mange dans un coin avec sa famille. Enfin, après nous avoir encore offert le café, il ôte des couvertures de son lit, les étend par terre dans notre chambre et, avec de multiples signes de croix, nous quitte, en nous comblant de souhaits de bonne nuit et de bonne santé.

Le lendemain, je rencontre dans la ville une partie de mes camarades, et le colonel chef de la mission. De nouveau, les ordres sont d'attendre.

J'obtiens du pain avec de grandes difficultés, et je trouve quelques provisions qu'il faut payer fort cher, en argent monnayé.

Podgoritsa est traversé par une petite rivière qui sépare la ville moderne de la ville turque ; celle-ci très pittoresque, avec une vieille mosquée dont le portail est curieusement sculpté de bas-reliefs coloriés.

Près de la rivière, en pleine ville, sont situés les abattoirs. On tue les animaux sur un plan incliné d'où le sang coule dans le courant de l'eau. La viande se dépèce et se débite sur place.

J'apprends que Prizrend est occupé par les Bulgares, qui se sont également emparés de Monastir. On dit aussi que les troupes françaises du général Sarrail se sont retirées sur Salonique.

Je m'enquiers de la manière de gagner Scutari.

Avant la guerre, il y avait un service de bateaux sur le lac. Maintenant qu'il n'y a plus de charbon, le trajet ne se fait qu'exceptionnellement. On ne prend pas les chevaux.

Un autre itinéraire conduit jusqu'à Houm, d'où l'on peut traverser en barques un bras du lac. On atterrit à Verovi ; de là part une mauvaise route pour Scutari.

Pendant que je n'étais pas là, Tchitcha a vendu, pour 70 dinars, un de mes chevaux à notre hôte. Sous la menace de mon revolver, il sort de sa poche les billets mal acquis et les restitue.

Avec notre hôte, nous sommes en très bons termes et il nous prodigue les marques d'amitié. Ainsi que sa femme, il revêt pour nous faire plaisir les magnifiques costumes nationaux. Cela se compose pour lui du boléro de drap rouge soutaché de noir, du panatlon bleu à larges soufflets, de la longue écharpe de soie multicolore enroulée dix fois autour de la taille et dans laquelle s'enfonce le poignard dont dépasse le manche aux riches ciselures. Sur la tête, la kapa, petite calotte en forme de galette plate, au bord de soie noire et au fond rouge, sur lequel les lettres N. I. sont la livrée du fidèle sujet de Nicolas Ier. Avec la véhémence théâtrale qui accompagne tous ses gestes, Radomir Martinovitch fait à ce sujet sa profession de foi : « Les Serbes ont reculé, dit-il, mais notre Tserna Gora est imprenable et nous ne succomberons jamais, car nous restons autour de notre roi qui nous conduira toujours à la victoire. Où il va, nous allons. S'il monte au ciel, nous montons. S'il descend dans l'enfer, nous descendons. S'il va au feu, nous le suivons. S'il se bat, nous nous battons. Dieu est le seigneur — *gospodar* — et après lui, notre roi Nicolas Ier ! »

Comme la plupart des femmes monténégrines, son épouse Ielitza est jolie, assez grande, mince, avec une tête fine qu'elle relève fièrement sous une couronne épaisse de cheveux noirs tressés sur laquelle, retenue par des perles, une jolie écharpe de dentelle noire retombe gracieusement.

Son vêtement consiste en un boléro à manches, fait de velours de soie écarlate ; à l'encolure on aperçoit la chemise de souple tissu légèrement brodé d'or ; et sur plusieurs jupes d'une semblable étoffe retombe lourdement la redingote sans manches qui, dans le dos, est pincée à la taille pour s'évaser amplement ensuite. Cette redingote est en drap bleu turquoise et, comme le boléro, elle est brodée, d'une manière délicate et artistique, de fine soutache d'or. J'ai rarement vu un costume à la fois aussi élégant et aussi riche. Celui-ci a coûté 700 francs, nous dit-elle, et cela n'est pas pour me surprendre.

Le jeudi 30 novembre, nous recevons l'ordre de gagner Scutari « par nos propres moyens ».

Tandis que nous nous préparons à partir, notre hôte me demande si un beau pantalon bleu que Tchitcha veut lui vendre ne m'appartient pas. Sur ma réponse négative, il conclut sans doute le marché. Certes, s'il n'est pas à moi, il est à quelqu'un d'autre, car Tchitcha n'a pas dû emporter de Chabats ce pantalon de gendarme monténégrin.

On change les chevaux, et je m'aperçois qu'il nous manque une grande toile imperméable qui servait à couvrir le chargement des provisions. Je soupçonne Tchitcha, mais il se défend avec énergie. Nos hôtes nous prodiguent des marques d'amitié en nous souhaitant bon voyage — et, tandis que ce brigand de Radomir me fait ses salutations, j'aperçois ma couverture au-dessus de son omnibus où il l'a dissimulée !

Je ne veux pas abandonner mes chevaux, car de Scutari à la mer il y aura encore à marcher, et je me dirige vers Houm.

De Podgoritsa à Scutari s'étend une vaste plaine sablonneuse couverte d'une herbe drue qui croît entre des galets. Ce fut probablement jadis le fond du lac.

Établir ici une ligne de chemin de fer serait un jeu d'enfant. Jusqu'à Touzi la route est excellente ; elle est coupée à un endroit par un très profond ruisseau qui a creusé son lit dans la roche, et que l'on traverse par un pont de pierre.

De l'autre côté est un bloc-house turc, à moitié démoli par l'artillerie. C'est là qu'était la frontière il y a trois ans.

Touzi est un village turc, dont les maisons sont presque entièrement en ruines ; le minaret est ajouré par les obus.

Le maire porte le fez. Il me reçoit aimablement, me donne un abri pour la nuit et me dit que les chevaux ne pourront traverser le lac à Houm, car la grande barque qui servait à transporter les bêtes est détériorée. Il va donc me donner un gendarme qui accompagnera hommes et chevaux pour leur faire faire le tour du bras du lac ; ils nous rejoindront à Verovi.

Le lendemain matin, au départ, les propriétaires de la petite chambre infecte où nous avons couché, sans lits, nous réclament 10 francs. Nous venons en outre de constater la disparition d'un nécessaire de toilette que nous avions encore à Podgoritsa. Nous avons perdu bien des choses jusqu'alors, mais le Monténégro va nous ruiner tout à fait !

Ne pouvant marcher, je suis obligé de chercher une voiture. La route est inachevée et l'on suit l'ancienne voie turque. A Pod-Houm (le port de Houm), nous trouvons plusieurs barques et la grande barque qui aurait pu transporter les chevaux, si le maire ne m'avait donné son faux renseignement. En une heure nous sommes à Verovi, où il nous faut attendre toute la journée, tandis que les pauvres bêtes et les hommes peinent à faire le tour du lac.

A Verovi il n'y a qu'un misérable « han », se composant comme toujours d'une seule pièce aux parois de planches, sans plafond, et où un feu au milieu du sol répand une âcre fumée.

Heureusement il ne fait pas froid; le climat a changé depuis que nous avons atteint Podgoritsa. Nous approchons de l'Adriatique, l'atmosphère de la région est douce et humide. La vue du lac aux eaux vertes, entouré de grandes montagnes estompées de brouillard, et sur lequel se croisent des barques que dirigent de grands Albanais à l'allure fière sous leurs costumes bariolés, est particulièrement ravissante par ce temps brumeux.

Le « han » est tenu par un Albanais de Scutari, nommé Marko. C'est un homme de haute taille et à la physionomie caractéristique sous l'encadrement des écharpes blanches.

A la nuit, hommes et chevaux arrivent exténués. La route a été longue et plus pénible que tout ce que nous avons vu, paraît-il. Il n'y avait pas même de chemin et il fallait escalader des roches où les chevaux tombèrent plusieurs fois. Ils avaient perdu leurs fers et avaient les jambes ensanglantées. Il ne fallait pas compter coucher au « han », car Marko n'y restait pas la nuit, et, le fermant à clé, s'en allait dans son village. Il nous y offrit l'hospitalité, disant : « Ce n'est pas loin », et nous le suivîmes, mais au bout d'une heure, nous commencions à trouver la marche interminable. De chemin d'ailleurs, il n'y avait trace, et, dans la nuit noire, cela devenait inquiétant. Par intervalles, Marko s'arrêtait, jetait un cri lugubre que nous ne comprenions pas, quelque appel albanais, et cela faisait penser à un loup qui hurle à la mort. Les chevaux n'en pouvaient plus, les hommes étaient à bout de forces et je me décidais à coucher à la belle étoile lorsque nous aperçûmes une lumière.

« Voici ma maison », dit Marko. On escalade une muraille de pierres, on pénètre dans une cour où une meute de chiens aboient férocement prêts à s'élancer ; mais la voix de Marko les calme. Tout un groupe d'Albanais, hommes et femmes, vient à notre rencontre.

Dans cette habitation comprenant plusieurs

pièces où logeaient tous les groupes d'une très nombreuse famille, ces Albanais catholiques nous offrent une large hospitalité.

Les femmes s'empressent autour de nous, silencieuses et gracieuses, l'une présentant un plat d'étain au-dessus duquel on se lave les mains avec l'eau tiède que verse la seconde, tandis qu'une troisième tend l'essuie-mains de toile tissée brodée aux deux bouts d'arabesques d'or. Puis on nous fait place autour du feu, nous invitant à nous servir à même la vaste marmite pendue à la crémaillère et où cuit une soupe parfumée. Sur de la paille propre, on étend de beaux tapis sur lesquels, avec nos couvertures, nous passâmes une nuit excellente.

Lorsqu'au matin nous partîmes je payai le foin que l'on avait fait manger aux chevaux, mais nos hôtes refusèrent fièrement aucune autre rétribution, et c'est en serrant la main de Marko, que nous nous séparâmes.

Les femmes, dont certaines sont belles, étaient vêtues avec une grande richesse de lourdes étoffes brodées d'or et d'argent. Leur jupe est curieuse : faite en grosse bure de laine, elle a la forme d'une cloche à quatre godets et descend à mi-jambe. Sur la poitrine pendent d'innombrables colliers de filigranes et de pièces d'or. Une haute ceinture de cuir s'enrichit de bijouteries. Les cheveux noirs, coupés en franges, tombent sur les yeux et encadrent la figure, sous un petit *maramé* à franges orné de pièces d'or.

Les hommes portent le costume albanais : veste, long pantalon étroit de bure blanc gris orné de passementeries noires. La tête est entourée d'écharpes en turban. Ils ont le regard franc, mais farouche.

Presque jusqu'à Scutari, la boue est si profonde qu'en certains endroits on a construit avec de grosses pierres une sorte de trottoir surélevé, pour les piétons. Les chevaux enfoncent jusqu'au ventre, et pataugent dans les trous remplis d'eau. Puis voici une bonne route, mais cela ne dure qu'un kilomètre, et un torrent emporte tout. Après cela, vingt mètres d'empierrement prêt à être cylindré, alternant avec vingt mètres où rien n'est fait, et ainsi de suite. Il faut, bien entendu, prendre à côté, dans la prairie marécageuse.

A cet endroit, nous nous arrêtâmes pour voir passer devant nous une singulière procession que nous reconnûmes bientôt être un enterrement. Elle venait d'un village éloigné et s'en allait à travers champs. Le prêtre marchait en tête, couvert de somptueux vêtements rouges ; puis un groupe d'hommes précédait la civière portée sur les épaules de quatre paysans. Chose curieuse, il n'y avait pas de cercueil, et la morte, car c'était une jeune femme, était exposée aux regards, vêtue de ses habits de fête et richement parée de bijoux. Derrière suivaient les femmes, probablement de plusieurs villages, car la file en était fort longue. Les premières, immédiatement après le corps, se lamentaient bruyamment ; toutes étaient en habits de parade.

A deux kilomètres de Scutari, la route devient bonne. Il était temps d'arriver. Mes pieds étaient à tel point ensanglantés que, lorsque je quittai mes chaussures, je pensai d'abord ne pouvoir jamais les remettre.

La chance nous servit. Comme, défaillants de fatigue, nous commencions à errer dans la ville, nous rencontrâmes Mmes S.... qui nous avaient déjà logés à Mitrovitsa. Elles se préparaient à partir le soir même pour Saint-Jean-de-Medua; elles nous conduisirent dans la maison albanaise où elles étaient hébergées et nous donnèrent leur chambre.

XIV

SCUTARI D'ALBANIE

Réconfortés tout d'abord par le fait d'avoir un gîte, nous ne tardâmes pas à éprouver à Scutari une grave déception.

A travers notre pénible retraite depuis Chabats, nous comptions toujours trouver l'endroit où s'arrêterait l'exode, où l'armée se reformerait, et où notre mission se remettrait à l'œuvre ; ce but toujours reculé à mesure que nous avancions nous avait cependant permis de reprendre courage à chaque étape, dont on se disait : ce sera peut-être la dernière.

Hélas ! depuis Prizrend, la retraite était devenue une déroute ! et notre voyage, une lamentable odyssée qui comptait pas mal de victimes. La traversée du Monténégro, fatale à certains d'entre nous, avait été plus que pénible. Les marches forcées dans la boue et dans la neige, le passage des rivières et des torrents, le supplice des étapes dans les « hans » infects et inhospitaliers, l'agonie du froid dans les montagnes, les affres de la faim, nous supportions tout cela avec vaillance, parce que chaque pas nous rapprochait encore d'un suprême espoir. Dans la forteresse du Monténégro dont les murailles arrêteraient l'ennemi, ne disait-on pas que l'armée serbe reconstituée se joindrait aux troupes monténégrines ; et que, ravitaillée par l'Adriatique, elle recouvrerait, avec le pain et les munitions que leur envoyaient les Alliés, une nouvelle vigueur ? A Scutari, nos souffrances auraient une fin. Nous jouirions là d'un peu de repos et de confort, et, continuant l'œuvre de secours envers ceux que nous étions venus aider, nous installerions de nouveau nos formations, prêts à reprendre le travail. Mais hélas ! ici encore, la noire disette ! et les nouvelles furent désolantes. L'Adriatique était sous la puissance de l'Autriche dont les sous-marins bloquaient les ports. Nous étions coupés du reste du monde, et l'on ne savait rien, sinon que Diakova et Ipek étaient tombés, que les Bulgares occupaient Monastir, menaçaient Elbassan, et que nous devions attendre...

Mmes S... nous avaient emmenés dans une belle maison albanaise, située au milieu d'un jardin d'orangers et de citronniers, qu'entouraient des murs épais, hauts de cinq mètres, percés d'une porte massive aux solides verrous formant de l'intérieur. Elle appartenait à un riche Albanais, vieillard svelte et énergique, à la mine hautaine avec sa barbe blanche et ses yeux étincelants ; d'allure distinguée, il portait le pantalon noir à soufflet, le boléro garni de passementeries. Outre ses bas de laine blanche, il était chaussé d'élégantes bottines. Sur la tête, le fez rouge au long gland bleu qui tombe jusqu'à la nuque.

Le costume des dames albanaises de Scutari se compose du pantalon bouffant en soie violette serré à la cheville, et d'une grande pèlerine avec capuchon en drap rouge sang garni de passementeries d'or, ou noires pour les veuves. La tête et la poitrine sont chargées de chaînes en filigrane et de pièces d'or qui représentent parfois de vraies fortunes.

Piétar B., notre hôte, assistait, indifférent et hautain, à l'envahissement de sa maison, où logeaient avec nous deux familles serbes, et il se retirait avec ses filles, sa femme et ses deux jeunes cousins, dans deux pièces séparées. Il se montra courtois à notre égard. Tandis que les jeunes filles nous apportaient de grands bassins d'eau tiède pour baigner nos pieds endoloris, un plateau à braise pour chauffer la vaste pièce humide, et que la mère nous offrait avec des œufs un morceau de pain qu'elle s'excusa de ne pouvoir donner plus gros, je pensais à l'histoire du bon Samaritain !...

L'hospitalité est une loi du code albanais.

Il y a intérêt à vivre un peu de temps avec des Albanais, à les étudier dans différentes classes, à causer avec eux. J'en ai trouvé beaucoup à Scutari qui, non seulement parlaient bien le français, mais aussi comprenaient réellement le vrai sens de notre culture. On se rend compte que la notion de l'honneur, l'esprit religieux, le courage et la pureté des mœurs, sont chez eux des gages absolus de leur évolution future. Mais leur avenir a été et est toujours plus que tout autre chargé de menaces. Ils ont subi pendant cinq siècles le joug des Turcs qui ont entretenu l'ignorance comme garantie de leur domination tyrannique. D'autre part, la situation de leur pays, les beaux ports qu'ils possèdent, excitent les convoitises des nations qui ont eu jusqu'à présent intérêt à faire régner parmi eux la division.

Ce qui a favorisé les Serbes, un clergé national, a manqué aux Albanais, et la rivalité aiguë qui sévit jusqu'à ces dernières années entre musulmans et catholiques fut exploitée par leurs ennemis. « La maison divisée contre elle-même ne peut régner », et depuis le héros Scanderberg il ne s'est plus trouvé en Albanie un homme assez fort pour réunir le peuple entier sous une seule bannière et lui donner de la cohésion. Parmi les Albanais en général et surtout chez les nombreuses personnalités marquantes que j'ai fréquentées, j'ai constaté une sympathie naturelle pour la France, et, dans la mentalité, dans les goûts, dans les mœurs, des tendances certainement latines. « Les Français, m'ont dit plusieurs d'entre eux, ne nous connaissent qu'à travers de véritables légendes... »

La ville de Scutari est située à l'extrémité sud-est du grand lac qui porte son nom. A cet endroit il se rétrécit en une partie courante qui, après avoir reçu une branche du Drin, s'appelle la Boyana et va se jeter dans la mer à 40 kilomètres de là.

Le cours de la Boyana, rapide, mais inégal et obstrué par le sable, ne peut être remonté que par de petits bateaux à voiles, mais il serait possible de draguer le lit du fleuve.

D'autre part, à 52 kilomètres de Scutari se trouve le port de Medua sur un terrain absolument plat. Là, un chemin de fer serait facile à établir, et une bonne route, plus facile encore !

Les gros bateaux venant de Medua auraient ainsi deux voies pour expédier leurs marchandises dans Scutari qui les distribuerait ensuite jusqu'à Podgoritsa.

Il ne serait pas impossible de créer une autre

route qui remonterait la vallée du Drin jusqu'à Prizrend. Scutari deviendrait alors le pourvoyeur de la Serbie et du Monténégro, et un brillant avenir lui serait ouvert.

On se rappellera qu'il y a trois ans, les Monténégrins prenait Scutari aux Turcs, après un siège de sept mois qui rendit fameux le nom de la Montagne Tarabosch.

Mais, l'Autriche intervenant, l'occupation internationale de Scutari fut décidée par les Puissances et ce n'est qu'au début des hostilités de 1914 que le Monténégro se réinstalla dans la ville.

Du séjour des troupes internationales, Scutari garde beaucoup de traces et l'on est frappé, dès les premiers pas, par le nom des rues dont la principale est la rue Internationale, et dont les autres s'appellent : rue Ernest Renan, rue Jules Ferry, place Édouard VII, rue Garibaldi, etc. Les consulats de chaque puissance ont également laissé leur trace là où était leur siège. Nous habitons dans la rue Consulat d'Autriche-Hongrie. Les Italiens avaient un poste de télégraphie sans fil, un hôpital ainsi qu'une importante école. Il y avait aussi une école grecque.

Au centre, s'élèvent de vastes casernes, et, en face un beau bâtiment, l'ancien palais de la Commandanture turque.

Il y a à Scutari un couvent de jésuites, un couvent de l'ordre des franciscains et une cathédrale catholique.

Les rues sont propres; de petits canaux, comme nous en avons vu partout où les Turcs ont passé, sillonnent la ville.

On voit de belles maisons albanaises, toutes entourées de jardins et de murs épais aux énormes portes cochères. L'imposant hôtel du Consulat d'Angleterre est la copie d'un château fort; il est défendu par des murs crénelés, dont la porte principale est flanquée de deux tours, et qui disparaissent sous le lierre. Cette propriété appartient à Sir Paget, ancien ministre d'Angleterre à Belgrade, qui se trouve en même temps que nous à Scutari avec les missions anglaises dont il a pris la charge. Non loin de là se dresse, au milieu d'un petit cimetière, une jolie mosquée au minaret blanc.

La première impression que j'eus de Scutari fut, malgré l'énorme affluence de monde, celle d'une ville morte et triste. Une ville en deuil, dont l'essor est arrêté.

Pour notre premier matin à Scutari, nous sommes réveillés par le canon; on se croirait à Chabats. La canonnade ne paraissait pas très proche, vers Medua, pensai-je; elle dura une partie de la matinée.

Nous apprîmes ultérieurement que trois contre-torpilleurs et deux croiseurs autrichiens venus de Cattaro avaient en effet bombardé le port de Saint-Jean-de-Medua, coulant deux vapeurs et neuf voiliers. Voilà nos provisions dans l'eau !

Ce n'est que dans la soirée du lendemain de notre arrivée à Scutari que je pus obtenir du pain, et avec quelles difficultés ! Ayant rencontré notre ami de Chabats, M. Lazitch, il m'en procura, et grâce à lui d'ailleurs je pus en avoir pendant tout notre séjour à Scutari. Sans lui, que serions-nous devenus ?

Dans les boutiques, on ne trouve, encore est-ce avec grand'peine, qu'un peu de viande, des pommes de terre, haricots, choux, poireaux, oignons. Le tout ne s'obtient que contre argent monnayé. Quant à la nourriture pour les chevaux, il faut presque y renoncer. Dès le lendemain de notre arrivée, Slobodan, qui finalement ne nous aura pas conduits à la liberté, est mort ; Tsaña, gravement blessée au pied, dépérit promptement. Si je la perds, un autre cheval nous sera nécessaire, en prévision de nouveaux déplacements.

« *8 Décembre.* — Les jours se succèdent : arrivés ici le 4, nous attendons toujours ; on ne sait ce qui se passe et l'on est réduit aux conjectures. Cependant aucun approvisionnement ne semble venir à Scutari, qu'envahissent, chaque jour plus nombreux, les réfugiés et les soldats serbes qui espèrent se reformer ici et y trouver la nourriture promise. Les officiers sont graves et inquiets.

Scutari, dans les mains des Turcs, a tenu sept mois. Il semble que l'on peut faire davantage, mais il faudrait que l'armée pût se réconforter et se reconstituer.

Chaque matin les cloches se mettent à sonner annonçant les avions ennemis qui, peu après, survolent la ville, jettent quelques bombes et repartent. Tant que l'on n'est pas touché, on ne sait s'il y a des victimes ni qui elles sont. L'agglomération est telle que c'est à peine si l'on peut circuler dans les rues.

Les jeunes gens de notre maison nous promènent par la ville et nous font visiter le bazar, vieux quartier ottoman, où chaque matin il règne une animation intense et où se mêle la foule pittoresque des Albanais des montagnes vêtus de blanc, des Turcs à la pelisse doublée de fourrures, des femmes turques strictement enveloppées dans le yamak noir. Parmi tout cela, errent les soldats serbes faméliques, en quête d'un poireau ou d'un oignon cru.

Du bazar, on a une vue, ravissante et toujours renouvelée, du lac, dont les eaux paisibles tantôt d'un bleu turquoise, tantôt vert émeraude, tantôt étincelantes et nacrées, changent selon les heures, et que dominent les montagnes aux teintes changeantes parmi lesquelles le mont Tarabosch.

Sur une colline de l'autre rive de la Boyana, se dresse l'ancienne forteresse dont les remparts couverts de lierre font penser à un vieux château de légende. »

« *11 Décembre.* — La jument Tsana est morte.

Comme je me trouvais au bazar, j'ai vu déboucher, par la route du Drin, la procession lamentable des soldats serbes qui viennent de Prizrend par l'Albanie. Ils sont harassés, pâles, la figure hâve et les habits en loques. On dit que, dans les défilés, les Mirdites les ont attaqués et qu'il y a eu des morts.

La faim et la fatigue ont fait aussi des victimes, et les survivants avancent péniblement. Les uns sont affalés sur un cheval qui peut lui-même à peine se traîner ; d'autres s'appuient sur leur fusil. Les officiers mêlés aux hommes ne s'en distinguent plus ; leurs capotes boueuses ont perdu tout insigne.

La *Comordja* (train des équipages) suit. Les bœufs ne traînent plus ni voitures ni canons. Sur leur dos ils portent le manteau et le sac vide de leur conducteur. Certains ont perdu leur compagnon, car ils marchaient par paires ; et tout cela s'écoule d'une façon lente et saccadée, boitant, trébuchant.

Les malheureux arrivent à Scutari comme en terre promise. Ici on leur a promis de quoi manger ; et, au premier passant rencontré, c'est l'éternelle et angoissante question que nous avons tant de fois entendue : « Y a-t-il du pain ? » On n'ose leur répondre !

Pauvre armée serbe, que j'ai vue si vaillante et pleine de courage et d'espoir ! On dirait un défilé de fantômes livides et silencieux.

Des officiers m'apprennent qu'avant de quitter Lioum Koulé, on détruisit les automobiles et le matériel, holocauste navrant ! On dit la route à travers les Alpes albanaises pire encore que celle que nous avons suivie.

Le roi Pierre a passé par l'Albanie ; l'on a dû porter dans une espèce de chaise à bras le vieux voïvode Putnik Mitchich que la maladie n'a pu séparer de ses soldats. Son lieutenant, le colonel Pavlovitch, a dirigé la retraite.

Le lendemain de l'afflux des troupes serbes, la ville s'est trouvée comme par enchantement vidée des quelques ressources qu'elle offrait encore. Maintenant, dans le bazar, la plupart des échoppes sont fermées, il n'y a absolument plus comme vivres que des poireaux !

Dans les rues, les soldats errent comme des spectres défaillants. Sous leurs yeux brillants, leurs joues creuses font peine à voir et, lorsque nous nous attablons devant l'assiettée de riz qui, matin et soir, avec un peu de pain, compose maintenant notre unique nourriture, nous pensons à ces affamés avec remords...

A Medua, dit-on, les bateaux coulés apportaient de la farine et toutes sortes de conserves ; on a réussi à les repêcher. Un vapeur a pu débarquer, ces jours-ci, d'autres provisions. Mais 52 kilomètres nous séparent de Medua et la route, pourtant en terrain plat, est telle que des convois de charrettes à bœufs qui devaient faire les transports, la plupart restent enlisées dans la boue, ou se sont brisées dans les fondrières !

Un officier de la première armée, qui vient d'Ipek, me donne quelques détails sur l'évacuation du pays. Lorsque l'état-major se vit acculé à s'engager dans les gorges, il décida de détruire le matériel afin de ne pas le laisser aux mains de l'ennemi. Sur la grande place triangulaire au centre de la ville la musique jouait des airs nationaux, tandis que des explosions retentissaient et que des colonnes de fumée s'élevaient, jetant dans la nuit de lugubres lueurs là où l'on sacrifiait des canons et des munitions. Les soldats s'engagèrent ensuite dans les défilés que nous connaissons, et, reformés du côté d'Andriévitsa, ils se sont joints aux troupes monténégrines.

Je pensais aux réflexions du vieux Bogidar. Oui, le Monténégro est une forteresse. Mais la famine est son pire assiégeant ! Ici, les soldats succombent. Chaque jour le nombre des morts augmente ; il semble exagéré et l'on n'ose y croire.

Les officiers serbes que je vois deviennent franchement pessimistes et le découragement commence à régner. Va-t-il falloir, faute de nourriture, abandonner la partie ? J'en ai peur.

Un employé de Belgrade m'a proposé un cheval pour remplacer la pauvre Tsana, et il m'emmène pour le voir en dehors de la ville. Il pleut, cela nous a d'ailleurs préservés ce jour-là de la visite journalière des taubes. Les rues jonchées de chevaux morts sont particulièrement lugubres. Un service est organisé pour enlever ces cadavres : on attache leurs pattes de derrière par une longue corde au joug des bœufs qui les traînent.

Au nord de Scutari, de grands espaces vagues sont couverts d'une multitude de petites tentes jaunes. Il pleut à torrent, tout est inondé, on patauge dans l'eau jusqu'à la cheville. Les malheureux soldats ne peuvent même plus se garer de l'eau, Lorsque j'arrive, ils se pressent autour de moi, cherchant à me vendre qui un licol, qui une sangle. J'ai le cœur serré et je n'oublierai jamais l'angoisse que me causa la vue de ces misérables hommes.

Je payai le cheval 10 francs, plus une miche de pain ; et la pauvre bête qui n'avait pas mangé depuis plusieurs jours se jeta littéralement sur du foin que je pus, à grands frais, me procurer. »

« *20 Décembre.* — Quelques conserves, des biscuits de guerre, du riz, du sucre, un peu de thé qu'il a été possible d'amener de Medua, nous sont distribués. Bonne aubaine !

Nous avons réussi à avoir du café, car il y en a dans les boutiques closes ; mais les Albanais de qui nous avons pu l'obtenir, ont demandé le paiement en or. J'achète, à prix d'or aussi, du maïs pour mon cheval.

Chaque matin au réveil, on se demande si l'on préfère la pluie ou le soleil. La pluie dans cette ville humide, dans cette chambre sans feu, assombrit encore nos pensées déjà moroses... Le soleil annonce la visite des taubes qui viennent impunément, puisqu'on n'a aucun moyen pour les chasser et qu'ils se moquent des fusils que les soldats déchargent en l'air. Bah ! il vaut mieux le soleil. Au moment où nous faisons en riant cette réflexion, les cloches sonnent. Nos Albanais, qui ont une frayeur enfantine des engins modernes, saisissent dans leurs bras leurs saintes images et se précipitent dans la cave, où ils se blottissent tous ensemble. Tout à coup retentit une explosion formidable et nous sortons en hâte de la chambre où toutes les vitres d'une fenêtre ont volé en éclats. Les bombes se succèdent ensuite. Deux avions décrivent sans se presser des courbes au-dessus de notre quartier, tandis que des centaines de balles inutiles retombent sur les passants.

Ce jour-là, notre indifférence se changea en émotion pénible, lorsqu'on sut que trois de nos aviateurs avaient été blessés mortellement. Avec eux, un ingénieur serbe, un secrétaire de préfecture et dix-sept autres personnes tuées ou blessées. Nous n'étions pas les seuls à avoir nos vitres brisées. Toutes les fenêtres de la préfecture, de l'école italienne et d'autres maisons, avaient subi le même sort.

L'horizon s'assombrit. Des rumeurs circulent que le Monténégro négocie une paix séparée. Parmi les soldats serbes une sourde révolte fermente. Pauvres gens si endurants et si sobres, quelles souffrances n'a-t-il pas fallu pour les pousser à bout ! Un grand nombre d'entre eux s'est rassemblé devant la demeure du prince héritier qui est resté au milieu de ses hommes ; ils demandant du pain : on leur a donné ce qu'on a enlevé à d'autres. Cela ne peut durer.

D'autres faits plus significatifs encore rendent soucieux les officiers qui me les racontent.

On parle, en outre des morts causées par l'inanition et l'épuisement, de cas de choléra. Je n'y crois pas ; je suppose qu'il s'agit plutôt d'intoxication se produisant, chez des individus déprimés, à la suite d'une alimentation suspecte. Poussés par le besoin, on n'hésite pas à manger des aliments avariés, du poisson surtout...

« *24 Décembre.* — Triste veille de Noël ! Voici trois semaines que nous sommes ici ; il m'arrive de m'éveiller plusieurs fois dans la nuit avec une fringale, que ce riz fastidieux avec lequel nous nous nourrissons n'apaise pas.

Cet après-midi nous assistons à l'enterrement d'un de nos aviateurs. J'ai été m'enquérir à l'hôpital de deux de nos camarades, les capitaines R... et G..., tous deux gravement malades, et j'apprends que le capitaine F... vient d'être subitement atteint d'un malaise inquiétant qui en quelques heures l'a terrassé.

Tandis que j'écris ces notes, la famille serbe qui loge avec nous dans cette maison, reçoit des officiers et des musiciens de la Garde. Les chanteurs, qu'accompagnent les violons, redisent leur répertoire national.

Mais il semble que l'on n'ait plus de voix pour

les chansons guerrières ; ce sont des mélopées tristes et bizarres que nous entendons. Peu à peu, se prenant au charme irrésistible de leur musique, les chanteurs oublient leurs soucis et leurs angoisses. Nous-mêmes les écoutons charmés, et, tandis que jeunes gens et jeunes filles chantent, avec cette gaieté un peu étrange qui leur est particulière, les airs entraînants empruntés aux tsiganes, nous oublions, comme eux, que leur Patrie entière est envahie, qu'ils sont en exil sur une terre hostile, et que leurs hôtes albanais, silencieux et graves, les observent. »

« *Même soir, 10 heures.* — Comme j'allais porter à un aviateur qui se rend à Valona des lettres pour la France et l'Angleterre, j'apprends que nous venons de recevoir l'ordre de gagner Medua. Toutes les missions françaises sont rappelées.

On part demain, jour de Noël, et l'on attendra à Medua un vapeur qui nous transportera en Italie.

Adieu l'espoir d'arrêter ici notre retraite et de voir nos vaillants et infortunés alliés se reconstituer sur place ! »

XV

SAINT-JEAN DE MEDUA

Mon petit cheval que j'ai, en sacrifiant des napoléons, nourri le mieux possible, paraît plus vaillant. Il servira de monture à ma femme et portera notre maigre nourriture pour les deux jours de voyage. Nos bagages, — il ne reste plus grand'chose maintenant des 1 500 kilogs que j'avais sur le *Lotus*, — vont prendre place sur les voitures à bœufs qui sont affectées à la mission.

Tchitcha, Dragomir, Vlada ne m'accompagnent pas. Ils vont, me disent-ils, essayer de regagner leur pays, encouragés par une proclamation dans laquelle le Kaiser assure bon accueil aux Serbes qui rentrent chez eux. Au moment de me quitter, après avoir été largement récompensés, je vois qu'ils ne se séparent pas sans émotion de celui qui jusqu'alors les avait conduits en sécurité à travers tant de dangers, et que l'angoisse se mêle au sentiment de leur indépendance future. Le vieux Tchitcha a la larme à l'œil. Je suis moi-même ému, car leur sort me semble bien incertain : comment feront-ils la route, maintenant plus dure encore dans les neiges, que nous ne l'avions vue il y a un mois? Comment se nourriront-ils et ne seront-ils pas dépouillés des quelques provisions que je leur donne, car je ne veux emporter pour notre trajet jusqu'à Medua, que le strict nécessaire ? Ils partent avec toute une caravane essayant de rentrer en Serbie.

Quant à nous, nous quittons la ville de Scutari attristés à la pensée que nous laissons sur ce sol étranger non seulement nos aviateurs tués par les bombes, mais trois de nos camarades dont deux sont entre la vie et la mort, tandis que le troisième agonise.

Au moment de partir, nous revoyons une dernière fois notre excellent ami de Chabats, M. le préfet Lazitch, qui est venu nous dire au revoir. Au revoir, en effet, j'espère, et non adieu. Confiant dans les destinées de son pays, je souhaite que nous nous retrouvions dans des circonstances où nous pourrons nous réjouir ensemble du succès de nos armées alliées.

Aux souvenirs — des jours de travail, — des jours d'angoisse aussi — que je garde de notre Chabats lointaine, le souvenir de ce digne fonctionnaire, patriote zélé et capable, restera lié dans ma mémoire, comme celui d'une des personnalités que j'ai le plus estimées en Serbie.

De la vaste cour des casernes où les voitures rassemblées prennent les bagages de la mission, nous nous mettons en chemin, traversant le bazar dont les échoppes sont maintenant toutes hermétiquement fermées. La route passe au pied de la montagne Tarabosch; elle est coupée ensuite par le bras du Drin qui va grossir la Boyana, et que l'on traverse sur un beau pont en pierre.

Nous quittons alors la Boyana et c'est l'autre bras du Drin que nous allons suivre, celui qui se jette dans la mer, cinq kilomètres plus loin qu'Alessio.

Une fois le pont franchi, la route n'existe pour ainsi dire plus et l'on a le choix entre une large voie boueuse qui file tout droit, escaladant des collines peu hautes d'ailleurs, puis qui se perd ensuite entre des vallonnements, des trous pleins d'eau, des ravins et des espèces de friches où l'on trouve encore des tranchées et des enchevêtrements de fils de fer barbelés posés par les Turcs il y a trois ans, — et une piste qui suit le bord du Drin; là s'engagent les voitures; elles ne tardent pas à s'enfoncer jusqu'à l'essieu dans la boue visqueuse d'un véritable marécage que la rivière inonde et dont on ne distingue pas partout aisément la limite.

Une troisième voie qui suivra le pied des collines sera parfaite ; quant à présent elle n'est qu'ébauchée.

Dans la boue profonde, de nombreux cadavres de chevaux s'ensevelissent, et c'est eux qui forment le jalonnement en cette plaine marécageuse. De loin en loin on traverse un village, ou plutôt ce qui reste d'une agglomération de maisons en ruines. Tout a été détruit dans la guerre d'il y a trois ans.

Nous passons à Barbalouchi où nous faisons halte près d'un « han », sous les branches immenses d'un platane séculaire.

Pendant ce temps nous voyons passer à une faible altitude des aéroplanes français qui transportent les blessés de l'aviation.

Nous sommes dans une véritable fondrière. Nous avançons péniblement et en silence, car cette dernière étape semble plus dure encore que tout ce que nous avons subi, bien qu'elle soit moins périlleuse. Mais les forces humaines ont une limite et il semble que nous l'ayons atteinte. Certains camarades en effet, qu'une entérite affaiblit depuis plusieurs semaines, ne peuvent même plus endurer le peu de mauvaise nourriture à laquelle nous sommes réduits.

Nous croisons de longues files de charrettes chargées de sacs de farine, de boîtes de conserves et de biscuits qui viennent de Medua. Elles avancent avec peine; les bœufs, qui sont de petite taille et insuffisamment nourris, se tuent à faire ce trajet. Au bout de deux allées et venues, quelquefois moins, ils tombent et ne se relèvent plus. Les roues entrent dans les ornières plus haut que l'essieu et quelquefois restent collées à cette vase gluante, ou bien se brisent en en ressortant.

Les sacs de farine tombent, les caisses sont éventrées. Que faire? Et c'est sur Medua que l'on comptait pour alimenter Scutari et la forteresse monténégrine !

C'est l'absence totale des soixante kilomètres de route de Lioum Koulé à Dibra qui a perdu la Serbie; c'est le manque d'un chemin entre Medua et Scutari qui perdra le Monténégro. Et pourtant il était facile à faire, tout à plat et peu long, tout proche, pendant des kilomètres, de collines rocheuses dont les pierres effritées s'offrent, toutes cassées et prêtes à poser, à qui voudrait bien s'en servir.

Nous avons fait environ 25 kilomètres et nous ne pouvons espérer gagner Alessio avant la nuit. Nous ne sommes qu'à moitié chemin. On ne peut non plus coucher dans les villages qui ne sont pas sûrs. Nous nous demandons s'il va falloir s'arrêter où l'on est, et dormir sans abri sur ce sol fangeux d'où nos pieds à chaque pas s'arrachent avec peine, — lorsque nous faisons une rencontre providentielle.

Le curé du petit village de Koukli nous aborde, et, parlant en excellent français, nous invite à passer la nuit chez lui. Il s'excuse d'abord de nous détourner de notre destination et de nous conduire au village par le chemin le plus détestable qu'il soit possible d'imaginer. « Mais, nous dit-il, vous ne pouvez trouver aucun abri sur la route, et si vous voulez vous contenter de ma pauvre hospitalité, je serai bien heureux de me trouver en compagnie de Français. »

Nous coupons à travers champs, mais le cheval peut tout juste nous y suivre à cause des nombreuses haies qu'il faut escalader, et il avance à grand'peine dans une boue si profonde et si gluante qu'il s'arrête plusieurs fois, sans forces pour s'en arracher. Nous traversons ensuite le village albanais, curieuse agglomération de maisons-forteresses entourées de murailles de pierre, et nous voici tout à coup devant une jolie petite église, toute neuve, à côté de laquelle se trouve la non moins jolie maison du curé. Il faudrait avoir fait avec nous ce long voyage de douze semaines dans les circonstances où il s'accomplit, avoir connu le supplice des étapes dans les « hans » et dans ces villes et villages où les conditions les plus dures de logement et de nourriture étaient réunies, pour se représenter la délicieuse et inoubliable surprise que nous réservait cet arrêt à Koukli, chez l'aimable curé. Nous souhaitant la bienvenue, il nous fait entrer dans un confortable home moderne, nous installe dans une jolie chambre, où d'excellent café nous est servi, et nous laisse nous reposer près d'un bon feu, tandis que notre cheval est conduit dans une écurie bien pourvue.

Un souper nous est servi, qui nous parut un véritable festin, sur une table élégante où nous regardions, croyant rêver, la nappe fine, les porcelaines et les verres de cristal. Notre hôte, frère de l'archevêque de Prizrend, est un homme érudit et fort distingué. Ayant beaucoup voyagé, connaissant bien la France, il se dévoue, dans cet humble village, à la cause albanaise qu'il sert en s'occupant de l'instruction du peuple et de son développement moral et intellectuel. Il a créé l'alphabet tel qu'il existe aujourd'hui en caractères semblables aux nôtres, et il est l'auteur de livres et manuels en usage dans les écoles.

Il nous parle longuement, nous disant son espoir [illegible] voir une notion plus approfondie du pays albanais et de ses populations développer, en France, cette sympathie que tout peuple opprimé attend de la grande nation chevaleresque, qui est à travers les âges le champion du droit et de la légalité.

« Quelques rares Français, me dit-il, ont séjourné en Albanie et peuvent seuls prétendre savoir quelque chose de nous. C'est à peine si nos origines sont connues de notre grande sœur latine.... »

Le lendemain matin, après un excellent repas dans cet oasis inespéré qu'avait été pour nous la cure de Koukli, nous reprîmes notre marche, quittant à regret cet hôte aimable, et accompagnés de ses souhaits de bon voyage.

En nous éloignant, nous aperçûmes longtemps la jolie église blanche, dont seulement la façade est terminée.

Un peu plus loin, après avoir dépassé une tour carrée, ruine sans doute de quelque château fort, la route fait une grande boucle et entre dans un marécage d'où émergent de petits saules. On aperçoit de loin la vieille citadelle qui domine Alessio. Mais on n'y est pas encore.

Plusieurs lacets prolongent sans utilité cette voie qui, en terrain plat, devrait être droite.

On trouve ensuite une sorte de chaussée empierrée, où l'on rencontre des soldats monténégrins à casquette et à pèlerine grise. Ils vont isolément et sans aucun ordre, en suivant le sentier d'où ils ne se dérangent pour personne.

On arrive devant Alessio, bourgade turque où réside, de concert avec le commandant de place serbe, un représentant d'Essad Pacha qui a le titre de Kaïmakan. Au pied de la forteresse, Alessio s'accroche au bas de la colline, — pauvre et pittoresque avec ses rues pavées si étroites que seuls les piétons peuvent y passer. Pour y accéder, il faut franchir un long pont en bois sur le Drin qui est ici un gros fleuve aux eaux jaunes où quelques bateaux à deux mâts sont ancrés devant la ville. La route de Medua ne traverse pas le Drin et remonte au nord, côtoyant les falaises. On sent déjà le parfum et la brise de la mer, et l'on approche de Medua. Mais le temps, menaçant toute la journée, s'assombrit subitement et un violent orage nous surprend à trois kilomètres du terme de notre voyage. Catastrophe ! Trempés jusqu'aux os, car il ne nous fut pas possible de nous garantir, nous arrivons à la nuit noire et nous cherchons un abri. Mais il n'y a pour ainsi dire pas de maisons à Medua ; nous passons la nuit dans une minuscule baraque de carton, où, entassés, transis, sans possibilité de sécher nos vêtements, nous pûmes nous ressouvenir des étapes dans les « hans » de la montagne.

Pour comble de malheur, nous apprenions en

arrivant que trois voitures du convoi parti de Scutari se sont brisées, et c'est justement sur une de celles-là qu'étaient nos affaires. La plus grande partie du chargement a été jeté dans les champs, le reste distribué sur les autres charrettes. Tout ce que je retrouverai de mes bagages, c'est le lit Picot et mon sac à main contenant mes précieuses photographies et mes notes.

Un soleil radieux nous éveilla. Immédiatement, des provisions furent distribuées. On connut enfin l'abondance sur cette rive que l'on s'apprêtait à quitter. En effet, les chargements des navires s'entassaient là, faute de pouvoir être transportés.

Ce fameux port, seul espoir du Monténégro et de la Serbie, est une petite baie semi-circulaire, sans rade. Ce qui frappe d'abord, c'est que tous les bâtiments sont coulés, à l'exception de quelques petits voiliers.

La mer heureusement n'est pas profonde et les vapeurs reposant sur le fond ont leur pont à fleur d'eau. Des voiliers, par exemple, il n'émerge que les mâts.

Le port est entouré de hautes collines qui permettraient de le défendre aisément. Les bateaux restent à cent mètres de la rive ; on les décharge au moyen de barques. Il y a juste un ponton ; aucun matériel, pas de jetée.

Medua est un port d'opérette : onze maisons, en comptant le sémaphore, les bâtiments de douanes et la baraque qui sert de café et où nous avons passé la nuit. Deux promontoires décrivent un arc de cercle d'au moins deux kilomètres, formant plage.

Sur les collines aux alentours, on voit d'innombrables campements de soldats serbes, des milliers de petites tentes jaunes.

Depuis quelques jours, l'amiral anglais Troubridge a pris le commandement du port et, sous sa direction, les sacs de farine qui gisaient sur le rivage, les caisses de biscuits, de conserves, de sucre, de lard, les bidons d'essence, ont été mis en ordre. On a sauvé ce qui pouvait servir, tandis que les récents arrivages sont emmagasinés et que l'on s'efforce de les mettre à l'abri d'un nouveau bombardement. Mais que faire de tout cela, avec un chemin comme celui d'où nous sortons !

Et l'on s'étonnait de ne pas trouver à Scutari les provisions envoyées par la France ! et l'on espérait se ravitailler par Medua !

Dans la matinée nous avons eu la visite d'un aéroplane autrichien, mais il ne fit aucun mal. Quelques jours auparavant, des bombes avaient été jetées, plus meurtrières.

A part les bateaux qui peuvent y venir, il ne reste plus grand'chose à détruire à Medua.

Lors du bombardement qui avait eu lieu le lendemain de notre arrivée à Scutari, 2 000 obus avaient été lancés démolissant la maison du capitaine italien qui commandait le poste de télégraphie sans fil, les douanes et toutes les habitations.

Nous voyons approcher le vapeur *Brindisi*, qui doit nous emmener. Dès qu'il est là, des barques s'empressent autour de lui et on se hâte de le décharger.

Il y a ici de nombreux prisonniers bulgares, vêtus de l'uniforme brun kaki et coiffés du képi qui ressemble à une casquette de canotier. Il est à remarquer que ces hommes sont robustes, de physionomie rusée, et très barbus.

Notre journée se passe sans incidents ; nous nous sommes éparpillés sur les collines, où, par un temps délicieux, sous un ciel pur, nous admirons la mer calme et sereine. Nous nous croirions à cent lieues de ces régions sauvages, si proches cependant, que nous avons traversées lentement à pénibles journées et qui peu à peu sont envahies par les troupes ennemies. A l'horizon, deux contre-torpilleurs surveillent la mer et nous rappellent que notre voyage ne sera peut-être pas exempt de périls.

Dans la soirée surviennent les aviateurs et automobilistes français qui montent sur le navire en bon ordre sous la conduite de leur chef, le commandant Vitrat.

Vers dix heures, le bateau devant lever l'ancre à onze heures, nous recevons à notre tour l'ordre d'embarquer par nos propres moyens. Plusieurs abandonnent la cantine apportée jusqu'ici avec tant de peines ! Pour moi, il ne me reste plus que deux colis à main ; je m'arrange pour obtenir une barque et nous gagnons le bord.

Mais, nouvelle et tragique alerte : on refuse absolument d'accepter Militza.

La pauvre petite, qui avait passé depuis des semaines par tant d'inquiétudes dans sa crainte perpétuelle d'être abandonnée, — et qui, à notre arrivée ici, où tout d'abord elle s'était cru sauvée, avait eu une nouvelle anxiété en entendant dire que l'on ne prendrait pas de Serbes[1] — fut alors saisie d'un désespoir et d'une terreur tels que le commandant italien céda. L'angoisse de la pauvre enfant avait été si violente qu'aussitôt entrée dans le salon où elle nous accompagna, elle s'étendit à terre et s'endormit d'un profond sommeil, où nous entendions sa prière murmurée en rêve : « Bogé ! Bogé ! »

Toutes nos lumières éteintes nous avancions dans la nuit, lorsque nous fûmes réveillés par

1. A cause du choléra qui sévissait soi-disant à Scutari.

l'arrêt subit des machines vers deux heures du matin. « Un, deux, trois, et on saute ! » — me dis-je. Mais on ne sauta pas. Les contre-torpilleurs français nous faisaient seulement changer de direction, et c'est à Bari que l'on nous conduisit.

Lorsque, par un matin splendide, nous allâmes sur le pont jouir de la brise pure et contempler la mer tranquille, nous vîmes que quatre contre-torpilleurs nous escortaient. Sans incidents, après une traversée délicieuse, nous arrivions à Bari où le général de Mondésir attendait la mission.

Dans cette jolie cité italienne, où nous séjournâmes quelques heures, la population nous fit un accueil des plus chaleureux.

Le 6 janvier, le *Brindisi* s'en retournait avec un nouveau chargement de provisions et de munitions, plus cinq cents recrues monténégrines et un million en or. En entrant au port de Medua, il fut torpillé et coulé. Soixante-cinq passagers seulement furent sauvés.

Je n'insisterai pas sur le voyage rapide qui nous fit traverser l'Italie, où, par Rome et Turin, nous gagnâmes Modane.

Je passe sous silence la joie que nous avons éprouvée en nous retrouvant sur le sol français après ces longs mois d'absence.

Mais je dois dire que, personnellement, je gardais au cœur une profonde déception d'avoir dû, par la force des circonstances, quitter nos amis les Serbes, que nous étions allés volontairement aider, à ce moment si tragique de leur histoire.

Je ne tardai pas à apprendre néanmoins que les Alliés ne les abandonnaient pas et que des efforts (qui devaient aboutir) allaient être faits pour mettre à l'abri ce qui restait de ces héroïques troupes qui avaient tant peiné.

Espérons que, bientôt, la cause de la justice triomphant, nous verrons la Serbie se remettre de ses blessures et reprendre dans le monde la place que sa vaillance et sa fidélité à ses alliés lui méritent.

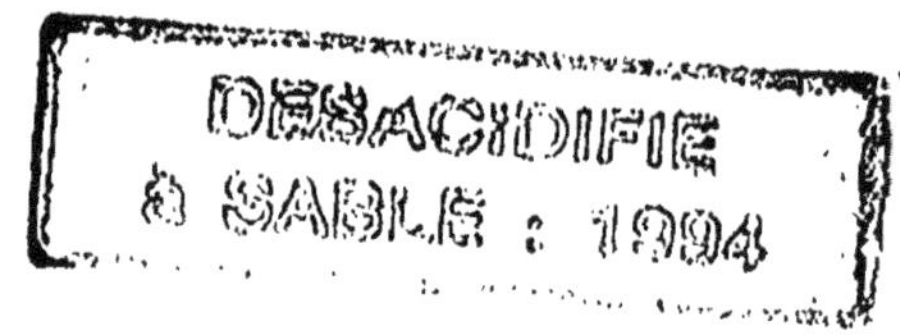

TABLE

883-16. — Corbeil. Imprimerie Crété.

HACHETTE ET Cie, 79, Boul. St-Germain, à Paris.

Lectures pour Tous

REVUE UNIVERSELLE ILLUSTRÉE

Au moment où toutes nos pensées sont pour nos héroïques combattants, les *Lectures pour Tous* fidèles à leur programme d'informateur complet, ont voulu que leurs numéros fussent consacrés

A LA GLOIRE DE NOS SOLDATS

Non contentes de faire revivre les plus poignants épisodes de chaque bataille d'après le témoignage de ceux qui y prirent part, d'évoquer les combats d'hier en d'épiques tableaux ayant le relief de la " chose vue ", elles abordent toutes les questions qui, à l'heure actuelle, préoccupent le pays : soins aux blessés, ravitaillement de nos armées, lutte contre la misère et le chômage. A ces articles d'une incomparable variété s'ajoutent de sensationnelles photographies d'une rare valeur documentaire évoquant les aspects les plus divers d'une lutte formidable.

TOUTE LA GUERRE PAR L'IMAGE

C'est donc un magnifique Livre d'Or de la bravoure française qu'on trouvera dans les *Lectures pour Tous*. La célèbre revue n'a reculé devant aucun sacrifice pour faire œuvre d'utile information et suivre d'aussi près que possible

L'ACTUALITÉ QUI ÉTREINT TOUS LES CŒURS

Le Numéro : 50 centimes.

ABONNEMENTS :

FRANCE	ÉTRANGER
Un an : 11. » | Six mois : 6. »	Un an : 17.50 | Six mois : 9. »

CORBEIL. — Imprimerie CRÉTÉ.

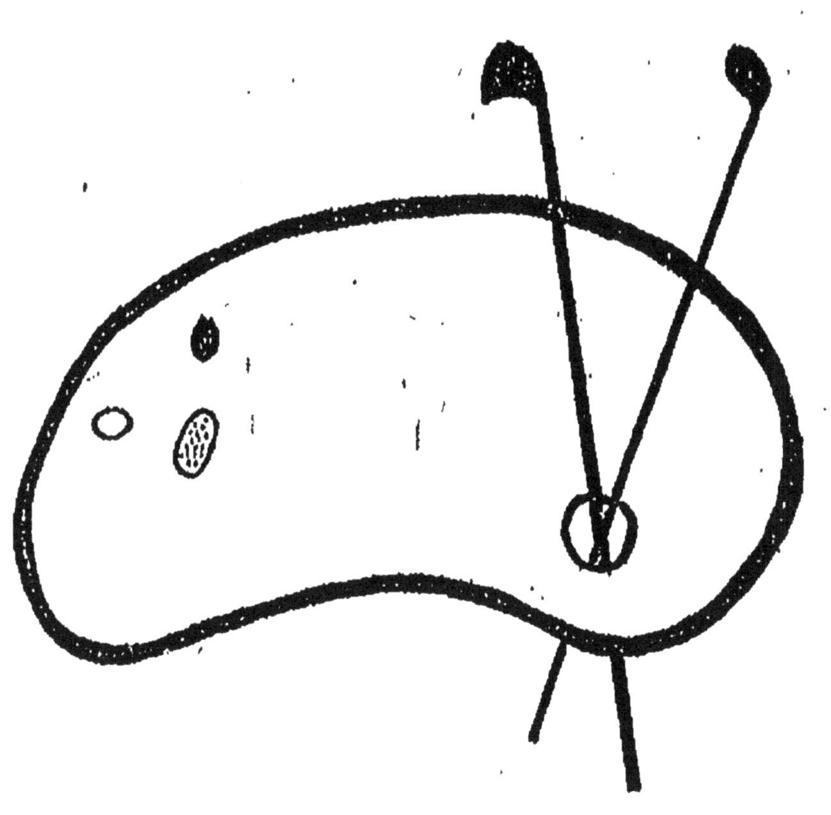

www.ingramcontent.com/pod-product-compliance
Ingram Content Group UK Ltd.
Pitfield, Milton Keynes, MK11 3LW, UK
UKHW020445200726
13857UKWH00002B/579

9 782012 940185